山东省区域
科技创新能力评价报告
2021

山东省创新发展研究院 著

科学技术文献出版社
·北京·

图书在版编目（CIP）数据

山东省区域科技创新能力评价报告 . 2021 / 山东省创新发展研究院著 . —北京：科学技术文献出版社，2022. 3

ISBN 978-7-5189-9057-3

Ⅰ . ①山… Ⅱ . ①山… Ⅲ . ①技术革新—研究报告—山东—2021 Ⅳ . ① F124.3

中国版本图书馆 CIP 数据核字（2022）第 052491 号

山东省区域科技创新能力评价报告2021

策划编辑：张 丹　责任编辑：张 丹　邱晓春　责任校对：张 微　责任出版：张志平

出 版 者	科学技术文献出版社
地　　　址	北京市复兴路15号　邮编 100038
编 务 部	（010）58882938，58882087（传真）
发 行 部	（010）58882868，58882870（传真）
邮 购 部	（010）58882873
官方网址	www.stdp.com.cn
发 行 者	科学技术文献出版社发行　全国各地新华书店经销
印 刷 者	北京地大彩印有限公司
版 次	2022 年 3 月第 1 版　2022 年 3 月第 1 次印刷
开 本	889×1194　1/16
字 数	168千
印 张	10.25
审 图 号	鲁SG（2022）017号
书 号	ISBN 978-7-5189-9057-3
定 价	88.00元

版权所有　违法必究

购买本社图书，凡字迹不清、缺页、倒页、脱页者，本社发行部负责调换

《山东省区域科技创新能力评价报告2021》编辑委员会

主　任　　刘　峰

副主任　　杜广选　王保国　王　文

委　员　　张　敬　杨焱明　武秀杰

山东省区域科技创新能力评价研究小组

组　长　　杜广选

副组长　　张　敬　贾辛欣

成　员　　郭梦萦　刘颖莹　朱　青　王贤慧　闫　峰
　　　　　　朱　文　杜廷霞　程　铭　王　静　李惠玲
　　　　　　何忠葵　胡晓红　张　峰　王化琴　赵　林

前 言

"十三五"时期，是山东省发展极不平凡的五年，也是加快新旧动能转换、推动高质量发展的关键五年。在国际形势错综复杂，改革任务艰巨繁重，尤其是新型冠状病毒肺炎疫情的严重冲击下，全省上下坚持以习近平新时代中国特色社会主义思想为指导，深入贯彻习近平总书记对山东省工作的重要指示要求，加快实施创新驱动发展战略，坚定不移建设高水平创新型省份。"十三五"以来，山东省全面发挥大科学计划、大科学平台、大科学中心、大科学装置牵引作用，山东产业技术研究院、山东高等技术研究院、山东能源研究院等高能级创新平台布局建设，中科院济南科创城、中科院海洋大科学研究中心等国家战略创新力量落户山东，启动首批5家省实验室，构建了"1+30+N"的"政产学研金服用"创新创业共同体体系，实行首席专家"组阁制"、技术攻关"揭榜制"、科研经费"包干制"等科技计划管理改革新举措，创新体系效能持续增强，初步形成科技项目、平台、人才、企业、成果转化、园区、金融、合作、绩效标准、干部人才队伍相互衔接配套的科技创新"十大体系"，科技创新实力持续提升，创新引领作用显著增强，为全省经济社会高质量发展提供了强有力支撑。

自2017年科技部批复山东省创新型省份建设方案以来，省委省政府高度重视，相继发布了《山东省创新型省份建设实施方案》和《关于深化创新型省份建设若干措施的通知》等文件，对创新型省份建设作出系列决策部署，为落实省委省政府要求，在省科技厅和省统计局的支持下，山东省区域科技创新能力评价研究小组连续四年开展了区域科技创新能力评价工作，经过2021年以来一年多的共同努力，形成了《山东省区域科技创新能力评价报告2021》(以下简称《报告》)。

《报告》中的评价指标体系由5个一级指标和24个二级指标组成，采用综合指数评价法，并引用官方最新权威数据。《报告》共分4个部分：第一部分是全省科技创新基本情况评价。包括全省科技创新发展总体评价和区域综合科技创新水平评价等内容。第二部分是区域科技创新各级指标评价。包括区域科技创新一级指标评价和区域科技创新二级指标评价等内容。第三部分是区域综合科技创新水平分析。包括全省16市科技创新发展情况、创新发展主要指标分析及位次和产业发展情况等内容。第四部分是附录。包括区域科技创新能力评价指标体系、指标解释、评价方法和报告图解。

根据政府统计制度的变化，《报告》中"规模以上工业企业R&D经费支出占主营业务收入的比重"调整为"规模以上工业企业R&D经费支出占营业收入的比重"；"规模以上工业企业新产品销售收入占主营业务收入比重"调整为"规模以上工业企业新产品销售收入占营业收入比重"。

依据国家统计局最终核实数据修订2019年GDP，《报告》对2019年涉及GDP的指标数据[全社会研发（R&D）经费支出占地区生产总值（GDP）的比重、每亿元GDP年登记技术合同成交额、每亿元GDP发明专利申请数、知识密集型服务业增加值占GDP比重、电子商务销售额占GDP比重、实际使用外资金额占GDP比重]进行调整。

依据第七次全国人口普查修订就业人员数，《报告》对2019年涉及就业人员的指标数据（每万名就业人员中研发人员数、全员劳动生产率、每万名就业人员累计孵化企业数）进行调整。

《报告》标题中的"2021"指的是报告发布年份，报告所用数据标注为"当年"的均为2020年数据；标注为"上年"的均为2019年数据。

《报告》尊重原始数据，力求客观公正，是山东省创新发展研究院连续第4个年度出版的研究成果。《报告》得到山东省科技厅、山东省统计局有关方面的大力支持。

由于时间仓促，加之水平有限，《报告》难免有不尽人意之处，恳请各界参阅中批评指正，以便我们今后加以改进。

山东省区域科技创新能力评价研究小组
2022年3月

第一部分 全省科技创新基本情况评价 ················· 1

一、全省科技创新发展总体评价 ·························· 1
二、区域综合科技创新水平评价 ························· 12

第二部分 区域科技创新各级指标评价 ················· 21

一、区域科技创新一级指标评价 ························· 21
二、区域科技创新二级指标评价 ························· 31

第三部分 区域综合科技创新水平分析 ················· 59

一、济南市 ··· 59
二、青岛市 ··· 64
三、淄博市 ··· 69
四、枣庄市 ··· 74
五、东营市 ··· 79
六、烟台市 ··· 84

七、潍坊市 ·· 89

八、济宁市 ·· 94

九、泰安市 ·· 99

十、威海市 ··· 104

十一、日照市 ·· 108

十二、临沂市 ·· 112

十三、德州市 ·· 117

十四、聊城市 ·· 122

十五、滨州市 ·· 126

十六、菏泽市 ·· 131

附　录 ··· 136

一、区域科技创新能力评价指标体系 ·· 136

二、指标解释 ·· 137

三、评价方法 ·· 143

四、报告图解 ·· 144

第一部分　全省科技创新基本情况评价

一、全省科技创新发展总体评价

"十三五"以来,山东省深入贯彻习近平总书记对山东工作的重要指示要求,加快实施创新驱动发展战略,坚定不移建设高水平创新型省份,科技创新实力进一步提升,创新体系效能持续增强,为全省经济社会高质量发展提供了有力支撑。2020年,全省综合科技创新水平再上新台阶,综合科技创新水平指数达到187.08%,较上年提高27.38个百分点(图1-1)。创新资源、创新产出、企业创新、创新绩效、创新环境5个一级指标指数实现全部提升,创新型省份建设全面起势。

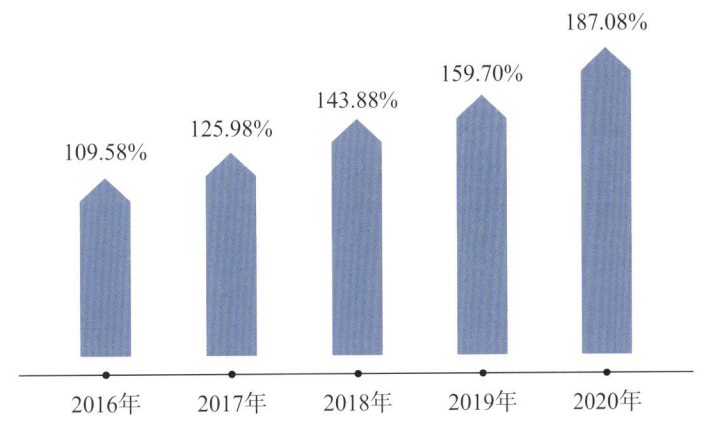

图1-1　"十三五"期间全省综合科技创新水平指数增长情况

(一)创新驱动发展基础更加坚实

2020年,全省创新资源指数达到129.36%,较上年提高4.12个百分点。全省全社会研究与开发(R&D)经费支出和投入强度实现"双提升"。全社会R&D经费支出 1681.89 亿元，居全国第 5 位，增长 12.52%；R&D 经费投入强度 2.30%，比上年提高 0.18 个百分点（图 1-2）；R&D 经费支出增长速度超过全国平均水平。从各市来看，有 14 个市 R&D 经费支出实现增长，聊城市增幅高达 61.72%；有 12 个市 R&D 经费投入强度增长，其中 10 个市超过全省平均水平。

图 1-2 "十三五"期间全省 R&D 经费支出总额及投入强度情况

全省 R&D 人力投入实现较快增长。2020 年，全省 R&D 人员达到 51.9 万人，较上年增长 17.3%。其中，博士 3.4 万人，硕士 6.1 万人，分别增长 13.4% 和 3.9%，研发人才结构进一步优化，整体素质提高。每万名就业人员中研发人员数 61.92 人年，较上年增长 11.79 人年（图 1-3）。从各市每万名就业人员中研发人员数来看，有 7 个市高于全省平均水平。

图 1-3 "十三五"期间全省每万名就业人员中研发人员数情况

全社会人员素质普遍提升。2020年，全省每万人拥有的受大专及以上教育程度人口数达到1438人，较上年增长28.62%，是"十三五"以来增长最快的一年。公民科学素质水平达到11.47%，居全国第8位，超过全国平均水平（图1-4）。

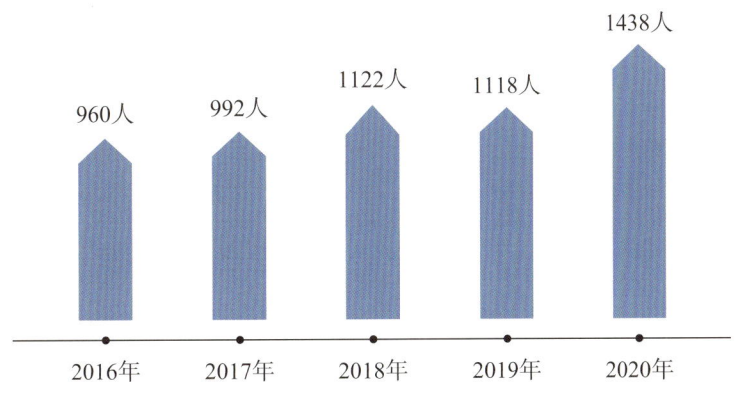

图1-4　"十三五"期间全省每万人拥有的受大专及以上教育程度人口数情况

（二）创新创业活力明显增强

2020年，全省创新产出指数达到237.94%，较上年提高65.34个百分点。31项成果获国家科学技术奖，山东省牵头完成科技成果获国家科学技术奖11项，数量列北京、上海、浙江之后，居全国第4位。遴选8家省属高校院所作为试点单位，探索建立赋予科研人员职务科技成果所有权或长期使用权的运行机制。

技术交易规模增长迅速。2020年，全省共登记技术合同73 947项，同比增长108.27%；成交额1953.92亿元，同比增长69.58%（图1-5），成交额居全国第4位，每亿元GDP年登记技术合同成交额267.19万元。企业输出技术和吸纳技术合同成交额同比增长均在80%左右，技术市场供需两旺。高校、科研机构技术输出能力稳步提升，持续发挥源头创新作用。继上年济南、青岛、烟台、淄博4市之后，潍坊、威海、济宁3市技术合同成交额也挤进了100亿元队伍，百亿元队伍扩容，济南超过了300亿元。

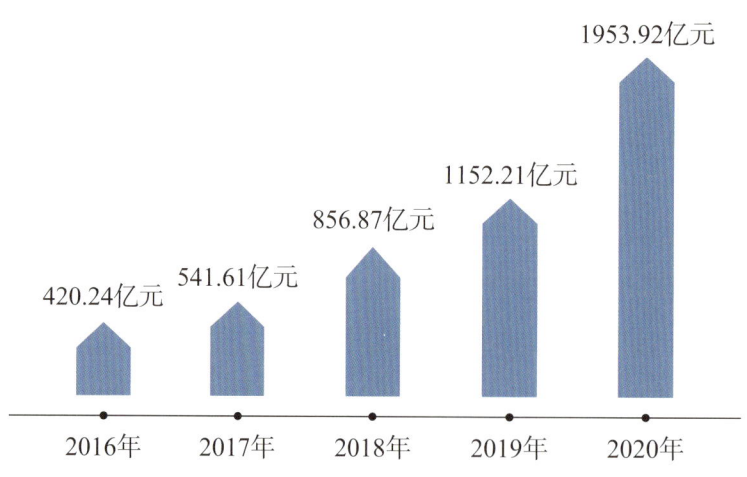

图 1-5 "十三五"期间全省技术合同成交额情况

发明专利量质齐升。2020 年，全省发明专利申请数 87 330 件，同比增长 25.64%；发明专利授权量 26 745 件，同比增长 29.50%。每亿元 GDP 发明专利申请数达到 1.19 件，每万人发明专利拥有量 12.4 件，较上年提高 2.32 件（图 1-6），是"十三五"以来提高幅度最大的一年。全省高价值发明专利总数 41 875 件，占有效发明专利的 1/3；每万人达到 4.16 件。青岛、济南每万人发明专利拥有量居全省前 2 位，分别达到 41.03 件、33.18 件，除此之外，淄博、东营、威海 3 市也超过了全省平均水平。

图 1-6 "十三五"期间全省发明专利拥有量及每万人发明专利拥有量情况

(三)企业创新能力进一步提高

2020年,全省企业创新指数达到179.85%,较上年提高25.02个百分点。科技型企业培育成效显著,企业研发活动日益活跃,科技型中小企业、高新技术企业、创新型领军企业全生命周期梯次培育体系初步形成。

科技型企业培育成效显著。2020年,全省科技型中小企业18 203家,较上年增加8685家。遴选50家科技型企业作为首批科创板上市培育库入库企业,5家科技型企业在科创板上市。全省高新技术企业总量突破1.46万家(图1-7),青岛、济南2市高新技术企业数占到全省的50.78%,除青岛、济南外,新增超过1000家的市还有烟台、潍坊2市。全省每万家企业法人单位中高新技术企业数达到58.91家,青岛、济南、威海、东营4市超过全省平均水平。

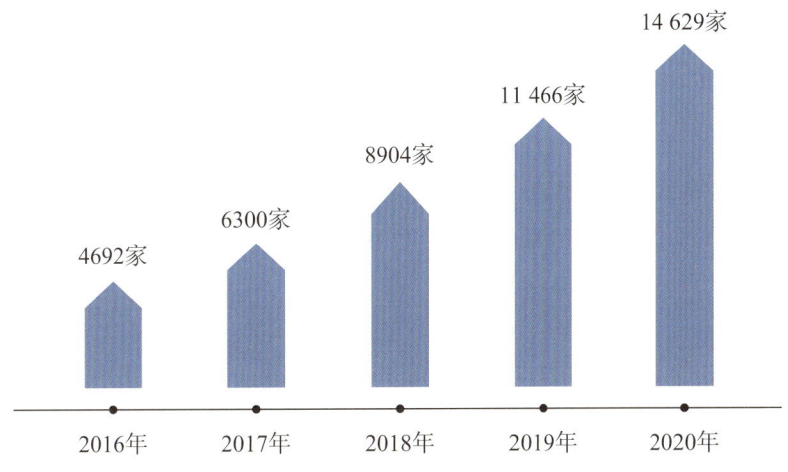

图1-7 "十三五"期间全省高新技术企业数量情况

企业研发活动日益活跃。规模以上工业企业R&D经费支出扭转连续两年下降趋势强势回升,较上年增长12.77%;规模以上工业企业R&D经费支出占营业收入的比重达到1.57%,较上年提高0.11个百分点。规模以上工业企业R&D人员较上年增加23.81%,占全部从业人员的比重由上年的5.54%提高到6.93%。R&D人员和R&D经费支出的强势回升为企业研发活动的开展提供了强有力的双重保障。有研发活动的规模以上工业企业占比和有研发机构的规模以上工业企业占比较上年分别提高12.95个百分点和3.93个百分点。新产品销售收入随着研发活动的开展提升较快,较上年增长26.71%,占营业收入的比重提高3.38个百分点。各市有研发机构的规模以上工业企业占比超过10%的市由上年的8个市增加为2020年的12个市，滨州、聊城、济宁3市超过了20%。企业研发活动的日益活跃为全省新旧动能转换和经济的高质量发展提供了有力的科技支撑（图1-8）。

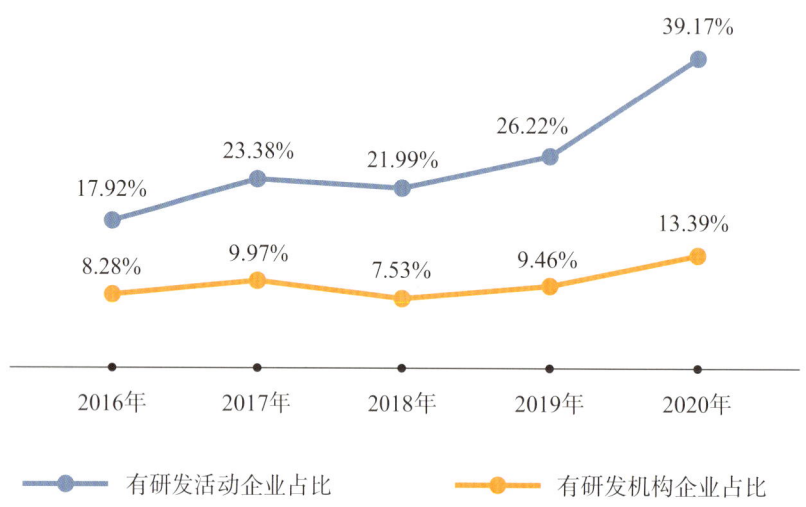

图1-8　"十三五"期间全省规模以上工业企业有研发活动企业占比及有研发机构企业占比情况

（四）创新绩效水平稳步提升

2020年，全省创新绩效指数达到134.81%，较上年提高4.64个百分点。在科技创新强有力的驱动下，科技资源有效配置加速，全社会劳动生产率显著提高，高新技术产业产值稳步增长，知识密集型服务业增加值企稳回升，产业结构调整有序推进，科技创新成效显著。

高新技术产业产值不断提高。2020年，全省规模以上高新技术产业产值同比增长7.91%，占规模以上工业产值比重达45.11%，较上年提高近5个百分点（图1-9）。青岛、威海、济南、烟台、潍坊、泰安6市规模以上高新技术产业产值占比超过全省平均水平。

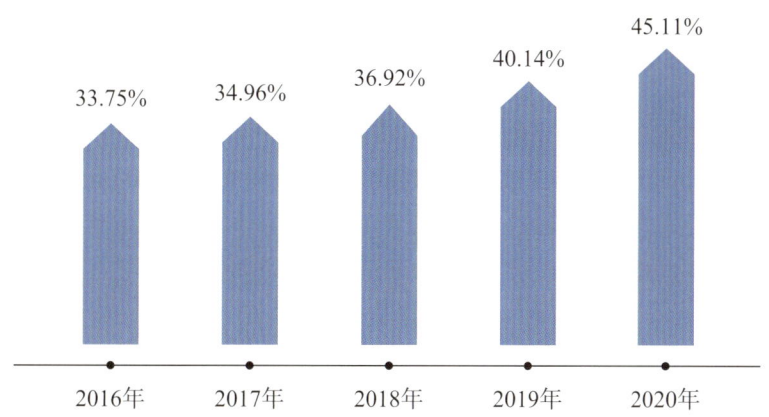

图 1-9 "十三五"期间全省规模以上高新技术产业产值占规模以上工业产值比重情况

经济结构调整成效明显。2020 年,全省知识密集型服务业增加值达到 9779.88 亿元,较上年增长 9.80%,占 GDP 的比重达到 13.37%,较上年提高 0.74 个百分点。其中,信息传输、软件和信息技术服务业增加值增长最快,较上年增长 17.58%,科学研究和技术服务业增加值增长 14.19%。"十三五"以来,知识密集型产业增加值占 GDP 比重稳步提升,显示全省产业结构调整得到进一步优化升级。

(五)创新环境持续优化

2020 年,全省创新环境指数 274.15%,较上年提高 41.01 个百分点。山东省委科技创新委员会的成立表明山东省委、省政府对科技创新工作的高度重视,属全国首创,是加强山东战略科技力量建设的重要制度创新。系统推进改革攻坚,省政府制定《关于深化科技改革攻坚的若干措施》25 条,切实激发创新活力,全面塑造发展新优势。科技项目、平台、人才、企业、成果转化、园区、金融、合作、绩效标准、干部人才队伍相互衔接配套的科技创新"十大体系"初步形成。

普惠性优惠政策落实成效显著。2020 年疫情期间,普惠性科技政策措施积极助力全省的疫情防控和复工复产,全省 15 个市(不含青岛市)675 家中小微企业使用创新券 3029 张,获补助金额为 907.75 万元,363 家科技企业孵化载体为 11 541 家在孵企业累计减免各项费用达 1.96 亿元。全省研发费用加计扣除减免税 129.99 亿元,较上年增长 45.8%,高新技术企业减免税 127.11 亿元,较上年提高 25.00%。一系列政策的落实极大提高了企业开展研发活动的积极性。

创新创业氛围进一步增强。2020 年,全省国家级科技企业孵化器、众创空间分别达到101家、219家，居全国第3位、第2位；省级以上大学科技园已有15家，国家大众创业万众创新示范基地有11个，在孵企业超过2.5万家（图1-10），省级以上科技企业孵化器累计毕业企业1.23万家。科技人员的工资水平显著提高。2020年全省科学研究和技术服务业平均工资达到11.25万元，高于全社会平均工资水平28.22%。

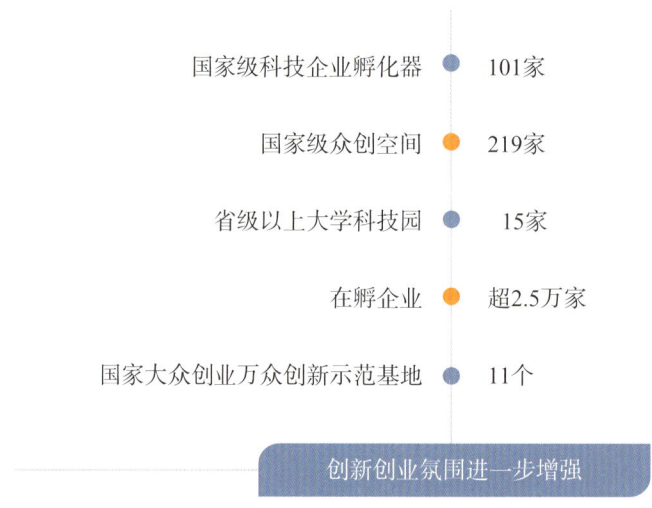

图1-10 "十三五"末全省创新创业载体情况

创新平台建设取得突破。国家级重大创新平台多点突破，青岛海洋科学与技术试点国家实验室成果显著，浪潮集团基础计算架构国家新一代人工智能开放创新平台获科技部批准。省级重大创新平台体系加速重构，形成"1313"基础研究平台布局，提升原始创新能力，首批5家省级实验室完成挂牌筹建，55家省级技术创新中心启动建设。新型研发机构蓬勃发展，已形成"1+30+N"的创新创业共同体体系。

（六）科技创新推动经济高质量发展

科技园区成为经济发展的排头兵。黄河三角洲农高区高质量发展全面起势，实现规模以上工业总产值234.3亿元，同比增长5%。新获批建设国家农业科技园区2家，总量达21家，居全国第一位。新批复设立省级农高区3家，数量达18家。省级以上高新区达20家，国家级高新区13家，高新区以占全省不到2%的土地面积，创造出全省近12%的规模以上工业总产值、13%的公共财政预算收入和12.5%的进出口总额。

全员劳动生产率进一步提高。2020年，全员劳动生产率达到13.27万元/人，比上年提高1.40万元/人。全省万元GDP综合能耗延续下降趋势，下降率达2.41%；从各市情况来看，16市劳动生产率普遍提升，万元GDP综合能耗持续下降，能源利用效率得到改善，泰安市万元GDP综合能耗较上年降低率达到16%。全省在保持经济平稳健康增长的同时，各市、各部门始终坚持"五位一体"总体布局，加快科技创新驱动，扎实推动生态文明建设，取得了显著的成效，这是绿色发展理念落地生根的具体体现，也是主动调整经济结构的有效成果。

对外商投资吸引力度加大。实际使用外资占GDP比重反映了一个区域对外商投资的吸引力程度。随着全省经济高质量发展及科技创新的驱动，外商来鲁直接投资规模不断扩大，2020年实际使用外资金额较上年增长20.14%，占GDP比重较上年提高0.22个百分点。从长期来看，外商投资不仅带来急需的资本，而且带来了发达国家的先进技术和管理理念，外资依存度的不断提高对经济增长会产生更大的拉动作用。

社会生活信息化水平提高。2020年，全省互联网宽带接入用户达到3445.62万户，较上年增长8.15%；每万人互联网宽带接入用户较上年增长237户；电子商务销售额达到13 819.84亿元，占GDP比重达到18.90%。

（七）总体评价中发现的问题

1. 基础研究投入力度不够

2020年，全省基础研究经费支出50.4亿元，比上年下降12.17%，占GDP比重0.07%，比全国低0.08个百分点；基础研究经费占全社会R&D经费支出比重为2.99%，比全国低3.01个百分点。其中，高校基础研究经费增长7.96%，科研机构、企业、事业单位基础研究经费分别下降0.48%、72.83%、23.10%。从各市来看，东营、青岛、泰安、济宁、滨州5市基础研究经费较上年有所下降，东营下降了89.15%。究其原因，主要是企业基础研究投入的力度不够，企业研发经费中的97.3%用于试验发展，2.5%用于应用研究，用于基础研究的仅为0.2%。

2. 地方财政科技支出下滑

地方财政科技支出对区域创新能力具有显著的促进作用，地方财政科技支出占公共财政支出比重反映了地方财政支持科技力度的强弱。2020年全省地方财政科技支出为298.62亿元，较上年减少2.34%；全省地方财政科技支出占公共财政支出的比重较上年下降 0.19 个百分点。从各市来看，滨州、临沂、潍坊、菏泽、东营、烟台 6 市地方财政科技支出较上年增长，其他 10 个市出现下降。滨州、临沂、菏泽、潍坊 4 市地方财政科技支出占公共财政支出比重较上年提高，其他 12 市下降。

3. 东西部创新能力差距依然明显

从综合创新水平指数来看，各市创新能力均有较大提升，西部各市提升幅度明显高于东部，但总体来看，各市差距依然较大。济南与菏泽创新水平指数差为 65.26%，较上年缩小近 1 个百分点。从重点指标看，如 R&D 经费支出有 5 个市超过了 100 亿元，青岛超过 300 亿元，而菏泽、枣庄仅为 25 亿元；滨州的研发投入强度达到 3.36%，而菏泽仅为 0.74%。地方财政科技支出占公共财政支出比重有 8 个市超过了 2%，有 4 个市尚未达到 1%。每万名就业人员中研发人员数仅济南、青岛 2 市超过了 100 人年，仍有 8 市尚未达到 50 人年。

4. 重点指标与苏浙粤差距依然较大

从全社会 R&D 经费支出总额看，2020 年，广东和江苏分别是山东的 2.07 倍和 1.79 倍。从 R&D 投入强度看，山东仅位列全国第 9 位，尚未达到全国平均水平（2.40%），与广东（3.14%）、江苏（2.93%）、浙江（2.88%）相比还有较大差距。山东规模以上工业企业 R&D 经费仅是广东、江苏的 1/2，低于浙江的 30 亿元。苏浙粤的规模以上工业企业 R&D 人员分别是山东的 2.11 倍、1.88 倍和 2.74 倍。虽然规模以上工业企业有研发活动企业占比近年来首次超过全国平均水平（36.73%），但仍大幅低于江苏（52.15%）、浙江（49.72%）、广东（39.47%）。山东每万名就业人员中研发人员数为 61.92 人年，比上年提高 11.79 人年，但比全国平均水平低 7.81 人年，仅为广东（123.92 人年）的一半，不足江苏（136.74 人年）及浙江（151.15 人年）的 1/2。山省新技术企业数量不及广东的 1/3、江苏的 1/2，比浙江少 8000 余家。

山东省具有良好的制造业产业基础，近几年通过新旧动能转换，释放创新活力，但创新转型压力依然较大。如何加大力度吸引高端人才，进一步营造良好的创新创业环境，是未来需要面对的挑战（表 1-1）。

表 1-1 2019 年和 2020 年山东省科技创新评价指标比较

指标名称	2019 年	2020 年
全省综合科技创新水平指数（％）	159.70	187.08
创新资源指数（％）	125.24	129.36
全社会研发（R&D）经费支出占地区生产总值（GDP）的比重（％）	2.12	2.30
地方财政科技支出占公共财政支出的比重（％）	2.85	2.66
每万人拥有的受大专及以上教育程度人口数（人）	1118	1438
每万名就业人员中研发人员数（人年）	50.13	61.92
基础研究经费支出占 R&D 经费支出的比重（％）	3.84	2.99
创新产出指数（％）	172.60	237.94
每万元科学研究经费（基础研究经费与应用研究经费之和）的国外主要检索工具收录科技论文数量（篇）	0.0210	0.0213
每亿元 GDP 年登记技术合同成交额（万元）	163.34	267.19
每亿元 GDP 发明专利申请数（件）	0.99	1.19
每万人发明专利拥有量（件）	10.08	12.4
企业创新指数（％）	154.83	179.85
规模以上工业企业 R&D 经费支出占营业收入的比重（％）	1.46	1.57
规模以上工业企业 R&D 人员占规模以上工业企业从业人员比重（％）	5.54	6.93
每万家企业法人单位中高新技术企业数（家）	57.84	58.91
有研发机构的规模以上工业企业占规模以上工业企业比重（％）	9.46	13.39
规模以上工业企业新产品销售收入占营业收入比重（％）	16.22	19.60
创新绩效指数（％）	130.17	134.81
规模以上高新技术产业产值占规模以上工业产值比重（％）	40.14	45.11
知识密集型服务业增加值占 GDP 比重（％）	12.63	13.37
电子商务销售额占 GDP 比重（％）	18.26	18.90
全员劳动生产率（万元/人）	12.68	13.27
万元 GDP 综合能耗较上年降低率（％）	3.27	2.41
创新环境指数（％）	233.15	274.15
规模以上工业企业研发费用加计扣除减免税占企业研发经费的比重（％）	7.36	9.52
每万名就业人员累计孵化企业数（家）	2.25	2.23
科学研究和技术服务业平均工资比较系数（％）	99.11	103.15
实际使用外资金额占 GDP 比重（％）	1.44	1.66
每万人互联网宽带接入用户数（万户）	0.32	0.34

二、区域综合科技创新水平评价

（一）16市科技创新能力稳步提升

2020年，16市综合科技创新水平指数均较上年明显提升，如图1-11所示。科技创新能力显著增强，区域创新领先格局稳定，济南、青岛"双核"效应明显，淄博、威海紧随其后。西部城市滨州、聊城增速较快。根据各市综合科技创新水平指数高低，可以将16市划分为四类：

第一类：综合科技创新水平指数在100%及以上的市，包括济南、青岛、淄博、威海。4个市排名稳定，淄博创新能力增速减缓。

第二类：综合科技创新水平指数小于100%，但大于或等于80%的市，包括烟台、东营、滨州、聊城、潍坊、泰安。滨州、聊城创新能力提升迅速，泰安增速则减缓。

第三类：综合科技创新水平指数小于80%，但大于或等于60%的市，包括日照、枣庄、济宁、德州。德州创新能力增速缓慢，位次下滑较大。

第四类：综合科技创新水平指数小于60%的市，包括临沂、菏泽。创新能力虽较上年有提升，但创新实力与先进市差距较大。

与上年相比，综合科技创新水平指数位次上升最多的市是聊城，上升了6位；其次是滨州，上升了2位；枣庄、烟台、潍坊各上升了1位。位次下降最多的市是德州，较上年下降了6位；其次是泰安，下降了3位；济宁、东营各下降了1位。其他市位次与上年持平。

按照各市综合科技创新水平指数较上年提高的幅度，16市排名依次是：聊城、滨州、枣庄、潍坊、济宁、日照、烟台、菏泽、临沂、青岛、济南、威海、淄博、德州、泰安、东营（图1-12）。

其中：提高幅度超过20%的市有5个：聊城、滨州、枣庄、潍坊、济宁。

提高幅度在10%～20%的市有8个：日照、烟台、菏泽、临沂、青岛、济南、威海、淄博。

提高幅度在10%以下的市有3个：德州、泰安、东营。

全省科技创新基本情况评价 | 第一部分

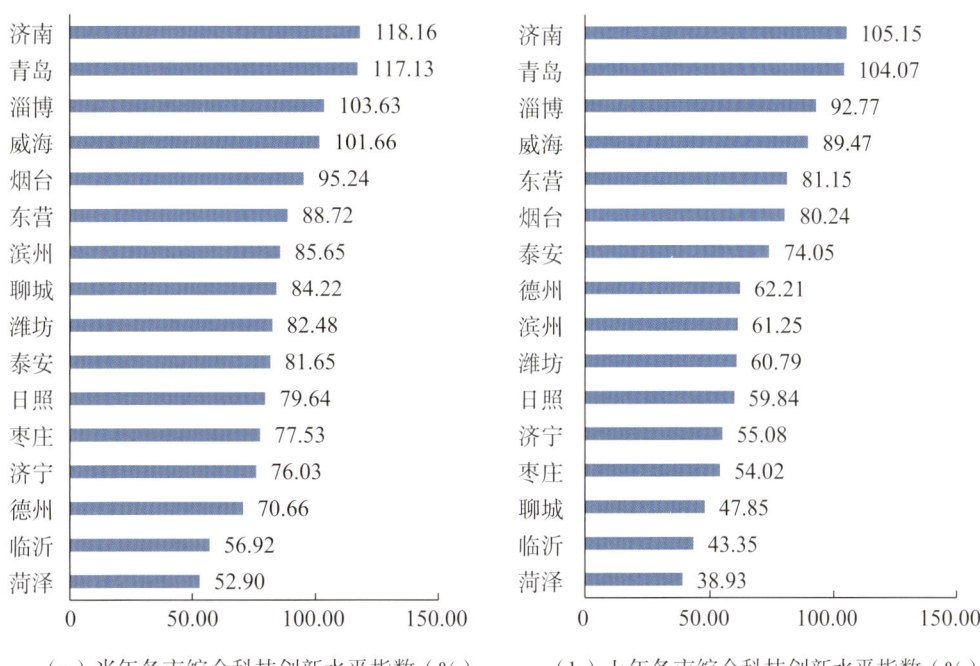

图 1-11 区域综合科技创新水平指数

图 1-12 当年区域综合科技创新水平指数较上年提高百分点

从区域综合科技创新水平发展变化来看，16市之间的差距继续缩小。经测算，2020年，16市之间综合科技创新水平的差异系数为21.44%，较上年下降8.57个百分点，说明全省区域协调发展水平进一步提升。其中，省会经济圈内各市之间综合科技创新能力差异系数为17.35%，较上年下降9.09个百分点；胶东经济圈各市之间综合科技创新能力差异系数较上年下降8.06个百分点。需引起重视的是鲁南经济圈，其差异系数较上年提高2.72个百分点，说明鲁南经济圈各市之间创新能力离散程度扩大（表1-2）。

表1-2 区域综合科技创新水平差异系数

地区	差异系数（%）	
	当年	上年
各市之间	21.44	30.01
省会经济圈	17.35	26.44
胶东经济圈	15.98	24.04
鲁南经济圈	19.36	16.64

（二）国家创新型城市建设持续推进

济南、青岛、济宁、烟台、潍坊、东营6个国家创新型城市研发经费支出占全省总额的比重超过1/2，地方财政科技支出占全省总额的比重接近70%，各项指标均较上年明显增长。在省委省政府及省科技厅的大力支持下，2022年年初淄博、威海、日照、临沂、德州5市列入科技部新一批开展创新型城市建设城市名单，全省创新型城市达到11个。

（三）三大经济圈协同创新成效显著

1. 省会经济圈综合科技创新能力进一步提升

2020年，济南、淄博、泰安、聊城、德州、滨州、东营7市成立省会经济圈一体化发展科技创新联盟，聚力推动产业融合发展、科技创新资源共享、科技成果转化，集聚7市高校、科研院所、新型研发机构、创新创业共同体、龙头企业、技术转移转化、创投等科技创新要素加速向企业集聚，探索"双向飞地""异地孵化"等新模式，为省会经济圈一体化发展、新旧动能转换、省会经济高质量发展提供科技支撑。

从R&D经费来看，2020年省会经济圈R&D经费支出达761.53亿元，占到全省的近1/2，较上年增长18.01%；R&D经费支出占GDP比重达到2.77%，高于全省平均水平。但省会经济圈基础研究经费下降明显，较上年下降23.48%，基础研究经费支出占全社会R&D经费支出的比重由上年的5.02%下降到3.25%。

从创新人才来看，2020年省会经济圈R&D人员达14.50万人年，占到全省的42.52%；每万名就业人员中R&D人员达74.43人年，高于全省平均水平（61.92人年）。

从企业创新来看，2020年省会经济圈规模以上工业企业R&D经费支出达601.65亿元，较上年增长19.22%，占营业收入的比重达1.66%，较上年提高0.23个百分点；规模以上工业企业R&D人员占比达7.56%，较上年提高1.03个百分点。省会经济圈高新技术企业5296家，占全省高新技术企业的36.20%。有研发机构的规模以上工业企业占到全省有研发机构的规模以上工业企业总数的43.34%，占7市规模以上工业企业的比重达16.89%，高于全省平均水平3.50个百分点。

省会经济圈创新水平差异系数由上年的26.44%，下降至17.35%。7市中有6个市综合科技创新水平指数跻身全省前10位，科技创新能力明显提升，协同创新效果显著。

济南作为省会经济圈的龙头，其综合科技创新水平继续保持全省首位，创新资源、创新产出指数均居全省第1位，示范和引领作用进一步增强，省会城市首位度提升。

淄博综合创新水平持续稳定全省第3位，创新产出指数居全省第2位，为对接齐鲁科创大走廊、打造济南淄博"科创+智慧"融合发展示范带打下良好的实力基础。

聊城、滨州综合科技创新水平位次提升明显。聊城、滨州研发投入总量增幅分别居全省第1位、第2位；研发投入强度分别居全省第4位、第1位；有研发机构企业占比分别居全省第3位、第1位。

东营创新绩效指数居全省第1位，劳动生产率、每万名就业人员累计孵化企业数、电子商务销售额占GDP比重均居全省第1位。

泰安创新绩效指数居全省第4位，较上年提高6位，万元GDP综合能耗较上年降低率跃居全省第1位，泰安综合科技创新水平在全省位次下降。

德州企业创新指数居全省第4位，高新技术企业数量增长率居全省第3位。德州作为新一批创新型城市建设城市之一，应持续深化科技体制机制改革，增强自主创新能力，促进科技成果转化，加快提升科技创新能力和高质量发展水平。

综上所述，省会经济圈科技创新能力提升明显，各市之间科技创新能力差异系数缩小，但基础研究经费下降幅度较大，地方财政科技支出及占比均下滑，需引起各市政府部门的高度重视。

2. 胶东经济圈区位优势进一步凸显

2020年，是胶东经济圈一体化的开局之年。1月，山东省政府出台了《山东省人民政府关于加快胶东经济圈一体化发展的指导意见》，青岛被赋予牵头、引领作用。在新发展格局中，胶东经济圈既是国内东西南北大循环的"双节点"，也是国内国际双循环的"双节点"；既是山东和沿黄流域的龙头，也是南北协调发展的重要支点。《胶东经济圈一体化发展规划思路》明确提出，打造国际海洋创新中心、中国经济新增长极、黄河流域开放门户三大战略定位。2020年，胶东经济圈5市协同创新，联动发展，青岛牵头与烟台、威海、潍坊、日照4市一起建立了"3＋N"的一体化工作发展机制，组织5市签订合作协议或合作备忘录，成立了胶东经济圈的文化旅游、创业创新、公共就业与人才服务等30多个联盟，签署了金融、行政服务审批等40多个合作协议。同时兰州、西安、郑州、济南等沿黄9省区省会（首府）城市与胶东经济圈5市发出"9＋5"城市"东西互济陆海联动合作倡议"，建立了合作机制。随着新发展格局的构建，胶东经济圈独特的区位优势进一步凸显。

从实际使用外资来看，胶东经济圈5市实际使用外资金额达110.44亿美元，占到了全省的62.58%；5市实际使用外资金额跻身全省前9位，青岛、烟台分列第1位、第2位。实际使用外资金额占GDP比重达2.45%，远高于全省及省会经济圈；5市实际使用外资金额占GDP比重均跻身全省前8位，青岛、威海、烟台分别居前3位。

从创新人才来看，2020年胶东经济圈研发人员较上年增长23.62%，占到全省的43.50%，略高于省会经济圈水平；每万名就业人员中研发人员数达到81.30人年，高于全省及省会经济圈。

从创新产出来看，2020年胶东经济圈发明专利申请数4.33万件，接近全省总量的一半；技术合同成交额较上年增长71.63%，技术交易活跃。

从企业创新来看，2020年胶东经济圈规模以上工业企业R&D经费支出达到564.70亿元，占营业收入的比重为1.65%。规模以上工业企业研发人员较上年增长21.66%，占规模以上工业企业从业人员的比重达7.37%；高新技术企业数量超过了全省的1/2，每万家企业法人单位中高新技术企业数达70.59家，高于全省及省会经济圈水平。新产品销售收入猛增，占营业收入的比重达22.57%，企业创新能力显著增强。

胶东经济圈科技创新能力差异系数由上年的24.04%缩小为15.98%，各市科技创新能力差距缩小，一体化发展及协同创新成效显著。

青岛作为胶东经济圈龙头，其辐射带动作用明显，综合科技创新能力居全省第2位，创新资源、创新绩效、创新环境指数均居全省第2位。创新实力优势明显，如研发投入、研发人员、地方财政科技支出、高新技术企业数量等指标均居全省首位；但创新效率不突出，增长速度相对放缓，需引起政府部门重视。

烟台综合科技创新水平指数位次较上年上升1位，创新能力较强。地方财政科技支出占公共财政支出的比重一直居全省前列，2020年达到3.54%，居全省第2位；电子商务销售额、实际使用外资金额居全省第2位，外向型经济特征明显；高新技术企业数量居全省第3位。但研发投入不高，创新效率不突出。

威海企业创新指数居全省第1位。每万家企业法人单位中高新技术企业数、规模以上工业企业R&D经费支出占营业收入的比重、新产品销售收入占营业收入比重、规模以上高新技术产业产值占规模以上工业产值比重均居全省第2位，企业创新效率较高。

潍坊创新绩效水平居全省第5位，综合科技创新水平指数较上年上升1位。潍坊R&D经费投入、研发人员、地方财政科技支出、高新技术企业数、新产品销售收入等指标均居全省前4位。但在创新产出、企业创新方面位次不高，创新资源和创新环境需进一步优化。

日照的研发投入特色明显，研发经费投入总量持续增加，研发投入强度、地方财政科技支出占比居全省第3位。作为新一批开展国家创新型城市建设的城市之一，日照应优化创新创业环境，打造人才高地，增强自主创新能力。

综上所述，胶东经济圈各市凭借其优越的地理位置，在招商引资、对外开放、吸引人才方面具有明显优势，创新实力较强，但创新效率不明显，R&D投入增长放缓，研发投入强度偏低，需进一步优化创新环境，加大R&D投入力度，提高企业的创新能力。

3. 鲁南经济圈发展潜力进一步加大

2021年，《鲁南经济圈"十四五"一体化发展规划》发布实施，鲁南经济圈构建区域新型发展格局，紧抓乡村振兴、淮河生态经济带、新时代革命老区振兴发展等重大战略机遇，着力打造乡村振兴先行区、转型发展新高地、淮河流域经济隆起带、革命老区振兴发展示范区。2020年，鲁南经济圈实现地区生产总值14 515.92亿元，同比增长3.14%。2020年8月，鲁南经济圈科创联盟在枣庄成立。

鲁南经济圈科技创新能力较弱，创新实力不强，但部分指标增长速度较快，发展潜力较大。

从创新资源来看，2020年，鲁南经济圈R&D经费支出仅为214.99亿元，占GDP比重仅为1.48%，远低于全省平均水平及省会、胶东经济圈，但R&D经费支出增长速度达到15.06%，高于省会及胶东经济圈水平。地方财政科技支出不到全省的1/10，但其较上年增长6.56%，而省会、胶东经济圈均呈下降态势。基础研究经费较上年增长17.24%，而胶东经济圈仅增长了0.82%，省会经济圈则下降了23.48%。

从创新产出来看，2020年，鲁南经济圈技术合同成交额较上年翻了一番，发明专利申请量也增长了32.71%，这2个指标增长速度远高于省会、胶东经济圈。

从企业创新来看，鲁南经济圈规模以上工业企业R&D经费支出、规模以上工业企业R&D人员均较上年增长明显，增速高于省会、胶东经济圈。

鲁南经济圈科技创新能力差异系数较上年扩大，由上年的16.64%增长到19.36%，说明鲁南经济圈4市之间创新能力差距拉大。

枣庄创新产出成效显著。每亿元GDP年登记技术合同成交额居全省第1位；每亿元GDP发明专利申请数居全省第5位，但其整体创新实力仍需提升。

济宁R&D人员较上年增长59.82%，居全省第2位；R&D经费增长率居全省第5位。R&D经费占GDP比重仅为1.48%，虽较上年有所增长，但与其创新型城市的位置不相符，需加大力度提高R&D经费投入，提升综合科技创新能力。

临沂R&D经费增长率居全省第4位，企业R&D经费居全省第6位，较上年增长率居全省第3位。新产品销售收入居全省第6位。作为新一批开展创新型城市建设的城市之一，应围绕实施创新驱动发展战略，加快推进建设方案重点任务落实，持续深化体制机制改革，增强自主创新能力，实现高质量发展。

菏泽发明专利申请量较上年增长率居全省第2位。各项指标排名较落后，应抓住省委省政府举全省之力发展菏泽的契机，加快新旧动能转换，科学布局产业体系，加大研发投入力度，为实现突破菏泽、鲁西崛起提供有力科技支撑。

综上所述，鲁南经济圈创新实力仍显不足，但发展潜力较大。在今后的发展中，应紧抓国家区域发展战略的契机，依托鲁南科创联盟，发挥自身优势，加快推动鲁南经济圈转型升级，促进科技成果转化落地，构建区域合作新格局，营造良好的创新创业生态，有力支撑经济高质量发展（表1-3）。

全省科技创新基本情况评价 | 第一部分

表1-3 2020年三大经济圈主要创新指标比较

指标	省会经济圈	胶东经济圈	鲁南经济圈
全社会R&D经费支出（亿元）	761.53	705.37	214.99
全社会R&D经费支出占GDP比重（%）	2.77	2.27	1.48
全社会R&D经费支出较上年增长率（%）	18.01	6.46	15.06
地方财政科技支出（亿元）	87.62	115.49	21.37
地方财政科技支出占公共财政支出比重（%）	2.22	2.99	0.89
地方财政科技支出较上年增长率（%）	−8.70	−17.64	6.56
研发人员数（万人年）	14.50	14.84	4.77
每万名就业人员中研发人员数（人年）	74.43	81.30	27.48
研发人员较上年增长率（%）	16.15	23.62	40.90
基础研究经费支出（亿元）	24.78	22.58	3.00
基础研究经费支出占R&D经费支出的比重（%）	3.25	3.20	1.40
基础研究经费支出较上年增长率（%）	−23.48	0.82	17.24
年登记技术合同成交额（亿元）	858.03	782.37	313.50
每亿元GDP年登记技术合同成交额（万元）	312.40	251.46	215.97
年登记技术合同成交额较上年增长率（%）	49.96	71.63	152.46
发明专利申请量（件）	34769	43275	9286
每亿元GDP发明专利申请数（件）	1.27	1.39	0.64
发明专利申请量较上年增长率（%）	26.75	23.36	32.71
规模以上工业企业R&D经费支出（亿元）	601.65	564.70	199.27
规模以上工业企业R&D经费支出占营业收入的比重（%）	1.66	1.65	1.41
规模以上工业企业R&D经费支出较上年增长率（%）	19.22	4.65	19.54
有研发机构的规模以上工业企业数（家）	1719	1306	941
有研发机构的规模以上工业企业占规模以上工业企业比重（%）	16.89	11.42	11.75
有研发机构的规模以上工业企业较上年增长率（%）	53.62	39.08	85.24
高新技术企业数（家）	5296	7553	1780
每万家企业法人单位中高新技术企业数（家）	61.33	70.59	32.37
高新技术企业较上年增长率（%）	35.76	22.18	28.71
实际使用外资金额（亿美元）	42.65	110.44	2.90
实际使用外资金额占GDP比重（%）	1.07	2.45	1.11
实际使用外资金额较上年增长率（%）	17.79	11.65	98.66

(四)区域科技创新能力的特征

通过综合评价，2020年全省区域科技创新能力分布呈现以下新的特征：

1. 全省科技创新5个一级指标均实现正增长

2020年，创新资源、创新产出、企业创新、创新绩效、创新环境5个一级指标全部实现增长，这是自2017年评价以来首次实现全面提升，说明全省科技创新能力实现新的跨跃和有效提升。

2. 各市综合科技创新水平指数全部提升

2020年，16市综合科技创新水平指数全部增长，这也是自2017年评价以来第一次实现全部增长，说明各市紧紧围绕国家创新驱动发展战略，转型升级成效明显，各市科技创新能力进一步增强。

3. 区域创新领先格局稳定，部分市进步明显

领先区域基本保持稳定，2017—2020年济南、青岛、淄博、威海稳居全省前4位。济南、青岛领先优势明显，淄博、威海、烟台稳中发展，滨州、聊城进步幅度较大，区域间创新能力差距逐渐缩小。

4. 区域创新发展更趋协调

各市之间创新能力差异系数较上年减少，省会经济圈、胶东经济圈内部差异有不同程度的缩小，区域创新发展不平衡局面有所改善。

5. 部分重点指标增长较快

2020年，全省全社会R&D经费支出及占GDP比重增长较快，分别较上年增长了12.52%和0.18个百分点。14个市R&D经费支出实现增长，12个市全社会R&D经费支出占GDP比重较上年提升。全省研发人员增长迅速，较上年增长22.37%，15个市的研发人员较上年增长，10个市增长率超过20%；每万名就业人员中研发人员数较上年提高11.79人年，16市每万名就业人员中研发人员数全部增长。全省发明专利申请量较上年增长25.64%，13个市增长率超过20%；全省规模以上工业企业R&D经费支出较上年增长12.77%，13个市增长，8个市增长率超过10%；全省高新技术企业较上年增长3000余家，15个市增长率超过20%。关键性指标增长明显，说明全省及各市创新能力稳步提升，但也有部分指标出现下降，如基础研究经费支出及占比、地方财政科技支出及占比等，创新驱动发展依然任重道远。

第二部分 区域科技创新各级指标评价

一、区域科技创新一级指标评价

（一）创新资源评价

从创新资源指数来看，2020年，济南、青岛、滨州、淄博、烟台、日照、东营居全省前7位，创新资源指数在60%以上。与上年相比，有9个市创新资源指数高于上年水平，其中，聊城、滨州提高幅度较大，创新资源指数较上年提高超过10个百分点（图2-1和图2-2）。

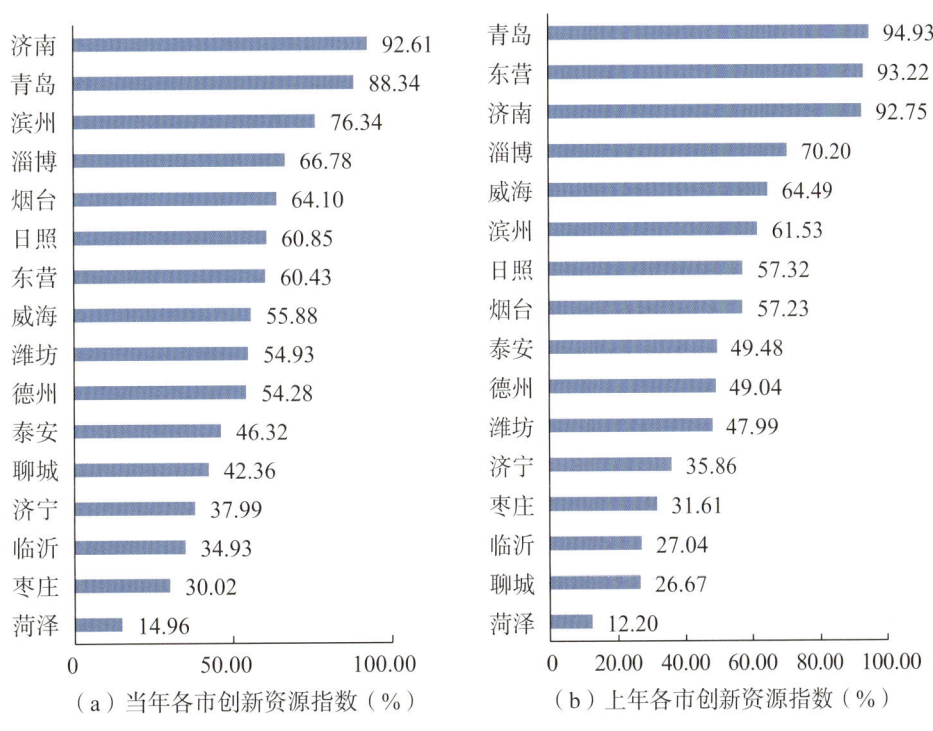

图 2-1 区域创新资源指数

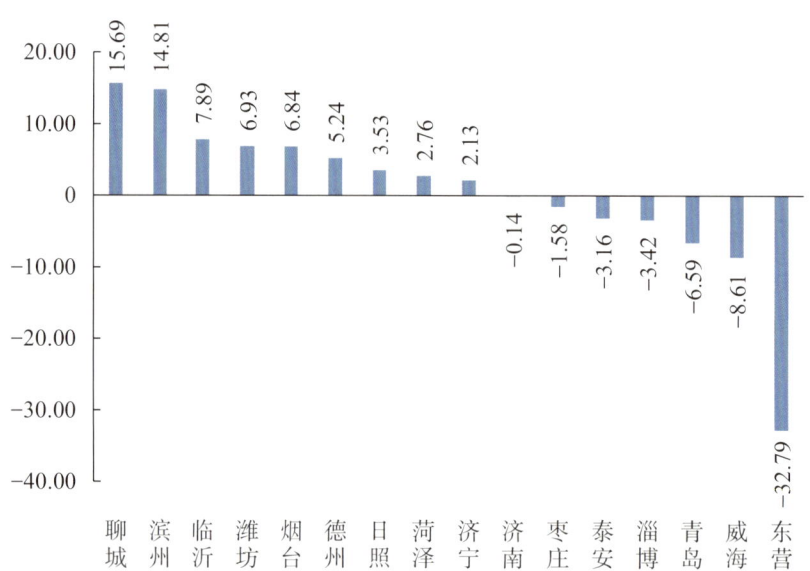

图 2-2 当年区域创新资源指数较上年提高百分点[1]

与上年比较，烟台、聊城、滨州创新资源指数位次上升最多，均较上年上升3位。烟台主要因为每万名就业人员中研发人员数大幅提高，提高幅度居全省首位；全社会R&D经费支出占GDP的比重、基础研究经费支出占R&D经费支出的比重位次均较上年上升1位。聊城主要因为全社会R&D经费支出占GDP的比重大幅提升，位次由上年的第11位上升至第4位。滨州主要原因是全社会R&D经费支出占GDP的比重、地方财政科技支出占公共财政支出的比重均实现较大提升，居全省首位。济南、潍坊创新资源指数位次较上年上升2位，原因分别是：济南全社会R&D经费支出占GDP的比重、基础研究经费支出占R&D经费支出的比重位次均较上年上升1位；潍坊地方财政科技支出占公共财政支出的比重、每万名就业人员中研发人员数提高幅度较大，位次均较上年上升2位。日照创新资源指数位次较上年上升1位。

创新资源指数位次较上年下降最多的是东营，较上年下降5位，主要原因是基础研究经费支出占R&D经费支出的比重位次下降较多，由上年的第1位下降至第7位。其次是威海，创新资源指数位次较上年下降3位，主要因为全社会R&D经费支出占GDP的比重、地方财政科技支出占公共财政支出的比重、每万名就业

---

[1] 本书中数据根据原始统计数据计算后四舍五入而得，后同。

人员中研发人员数位次均较上年有所下降。枣庄、泰安创新资源指数位次均较上年下降 2 位，枣庄位次下降的主要原因是全社会 R&D 经费支出占 GDP 的比重、地方财政科技支出占公共财政支出的比重均较上年下降，其中全社会 R&D 经费支出占 GDP 的比重下降幅度全省最大。泰安创新资源指数位次下降主要是因为每万名就业人员中研发人员数、全社会 R&D 经费支出占 GDP 的比重位次较上年分别有 2、3 个位次的下降。青岛、济宁创新资源指数位次均较上年下降 1 位。

（二）创新产出评价

从创新产出指数来看，2020 年，济南、淄博、枣庄、青岛、威海、日照居全省前 6 位，创新产出指数均超过 140%。相较于上年，各市创新产出全面提升，创新产出指数均实现不同程度的正增长，其中，枣庄、滨州、聊城、日照、威海、淄博创新产出指数提高幅度在 50% 以上（图 2-3 和图 2-4）。

与上年相比，枣庄、滨州、聊城创新产出指数位次提升较快，枣庄由上年的第 11 位上升至第 3 位，较上年上升 8 个位次；滨州由上年的第 14 位上升至第 8 位，较上年上升 6 个位次；聊城由上年的第 9 位上升至第 7 位，较上年上升 2 个位次。三市位次提升较快的主要原因是每亿元 GDP 年登记技术合同成交额提高幅度较大，居全省前 3 位，较上年增长超过 200 万元。菏泽创新产出指数位次较上年上升 1 位。

创新产出指数位次下降最多的是东营和烟台，均较上年下降 4 位，主要原因是两市每亿元 GDP 年登记技术合同成交额下降位次较多，东营由上年的第 4 位下降至第 8 位，烟台由上年的第 10 位下降至第 12 位；此外，烟台每万人发明专利拥有量位次较上年下降 1 位，2 个指标位次的下降导致了烟台创新产出指数位次下降。泰安创新产出指数位次较上年下降 3 位至第 13 位，原因是每亿元 GDP 年登记技术合同成交额、每亿元 GDP 发明专利申请数、每万人发明专利拥有量位次均较上年有所下降。潍坊、德州创新产出指数位次均下降 2 位，其中，潍坊创新产出各二级指标提高幅度均位列全省中上游位置，但不及枣庄、滨州、聊城提高幅度大，从而导致位次下降；德州位次下降的主要原因是每亿元 GDP 年登记技术合同成交额位次较上年下降 2 位，每万人发明专利拥有量位次较上年下降 1 位。青岛、威海创新产出指数位次均下降 1 位。

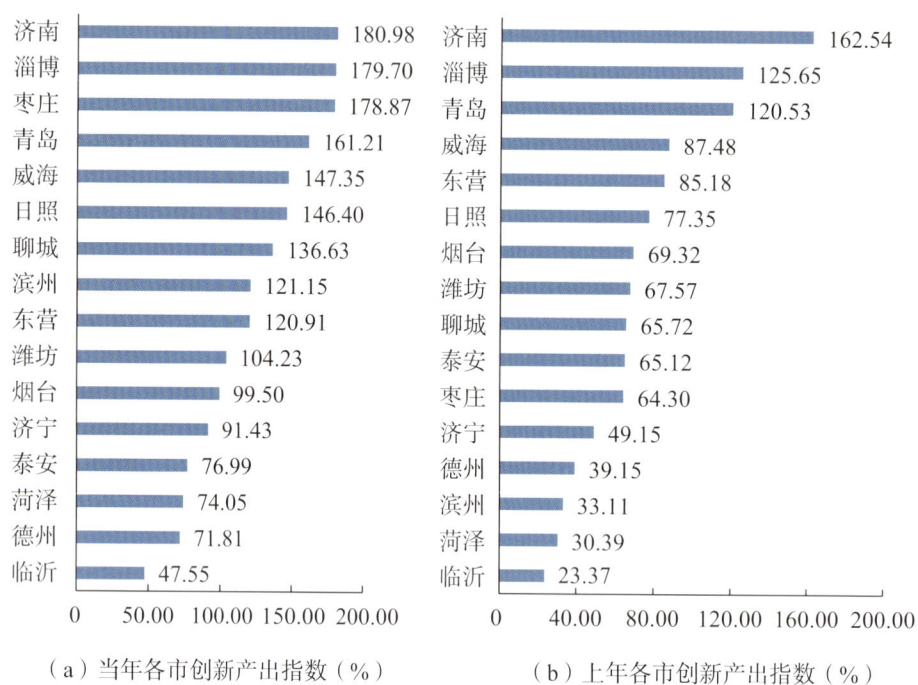

(a) 当年各市创新产出指数（%） （b）上年各市创新产出指数（%）

图 2-3 区域创新产出指数

图 2-4 当年区域创新产出指数较上年提高百分点

（三）企业创新评价

从企业创新指数来看，2020 年，威海、济南、聊城、德州居全省前 4 位，企业创新指数均在 100% 以上。相比上年，共有 13 个市企业创新指数较上年实现增长，泰安、青岛、枣庄3个市企业创新指数较上年下降（图2-5和图2-6）。

与上年相比，聊城企业创新指数位次提升最大，由上年的第15位上升至第3位，主要原因是规模以上工业企业R&D经费支出占营业收入的比重、有研发机构的规模以上工业企业占规模以上工业企业比重、规模以上工业企业新产品销售收入占营业收入比重3个指标较上年提升较大，提高幅度均居全省第1位。其次是滨州，企业创新指数位次较上年上升4位至第10位，主要原因是规模以上工业企业R&D人员占规模以上工业企业从业人员比重、有研发机构的规模以上工业企业占规模以上工业企业比重2个指标提高幅度均居全省前3位。济南、济宁企业创新指数位次较上年上升3位，济南主要因为每万家企业法人单位中高新技术企业数量、规模以上工业企业新产品销售收入占营业收入比重2个指标提高幅度较大，均居全省第4位；济宁主要因为规模以上工业企业R&D经费支出占营业收入的比重、规模以上工业企业R&D人员占规模以上工业企业从业人员比重、有研发机构的规模以上工业企业占规模以上工业企业比重3个指标提高幅度均居全省前4位。威海企业创新指数位次较上年上升2位，至全省第1位，主要原因是规模以上工业企业R&D经费支出占营业收入的比重、每万家企业法人单位中高新技术企业数量、规模以上工业企业新产品销售收入占营业收入比重3个指标提高幅度居全省前3位。

枣庄企业创新指数位次较上年下降最多，由上年的第7位下降至第14位，主要是因为规模以上工业企业R&D经费支出占营业收入的比重、每万家企业法人单位中高新技术企业数量、有研发机构的规模以上工业企业占规模以上工业企业比重3个指标均较上年出现不同程度的下降，其中规模以上工业企业R&D经费支出占营业收入的比重下降幅度全省最高。其次是泰安，企业创新指数位次较上年下降6位，主要原因是泰安规模以上工业企业R&D经费支出占营业收入的比重、规模以上工业企业R&D人员占规模以上工业企业从业人员比重、规模以上工业企业新产品销售收入占营业收入比重3个指标提高幅度均列全省后4位。青岛由于规模以上工业企业R&D经费支出占营业收入的比重、规模以上工业企业R&D人员占规模以上工业企业从业人员比重、每万家企业法人单位中高新技术企业数量、有研发机构的规模以上工业企业占规模以上工业企业比重4个指标出现下降，致使企业创新指数位次由上年的第1位下降至第5位。日照企业创新指数位次较上年下降3位，主要原因是规模以上工业企业R&D经费支出占营业收入的比重、规模以上工业企业新产品销售收入占营业收入比重均较上年下降，下降幅度均居全省第2位。东营企业创新指数位次较上年下降 2 位，主要原因是规模以上工业企业 R&D 人员占规模以上工业企业从业人员比重、有研发机构的规模以上工业企业占规模以上工业企业比重位次均有所下降，分别由上年的第 14 位下降至第 15 位、第 5 位下降至第 8 位。烟台、临沂企业创新指数位次均下降 1 位。

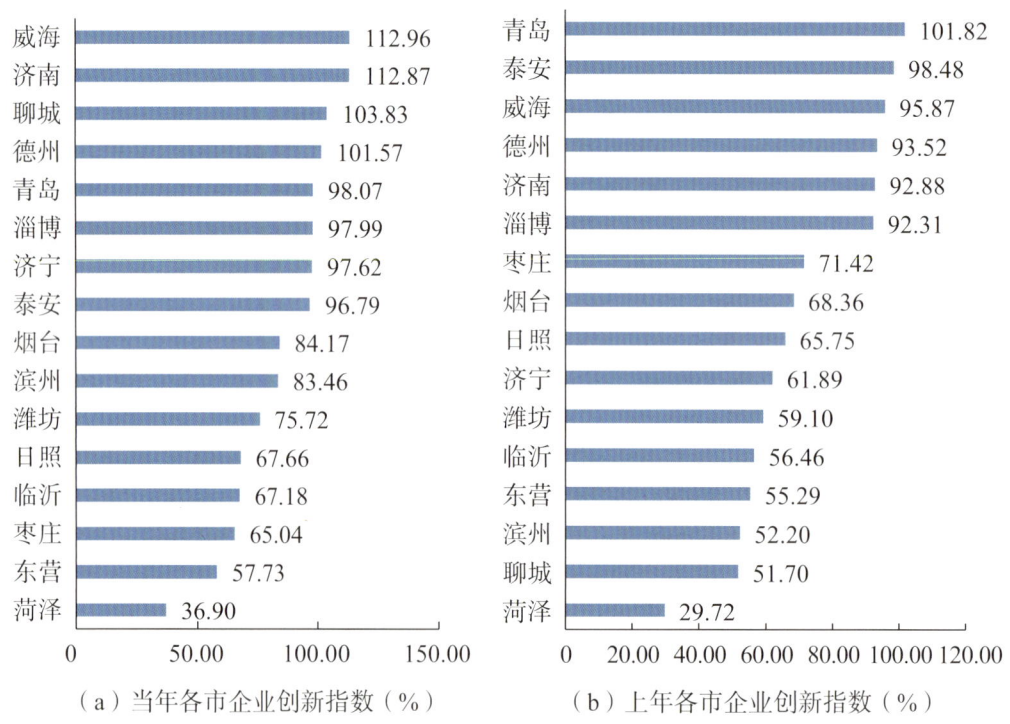

（a）当年各市企业创新指数（%）　　　（b）上年各市企业创新指数（%）

图 2-5　区域企业创新指数

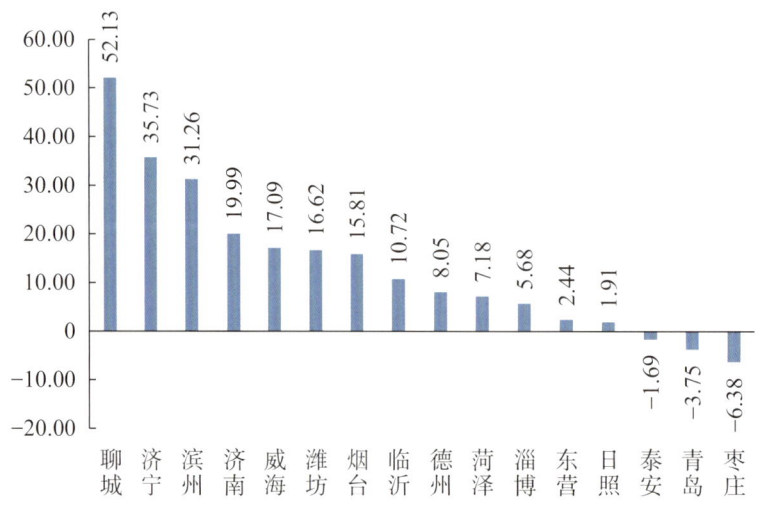

图 2-6　当年区域企业创新指数较上年提高百分点

（四）创新绩效评价

从创新绩效指数来看，2020年，东营、青岛、济南、泰安、潍坊、烟台、威海创新绩效指数居全省前7位，创新绩效指数均超过75%。其中，东营、青岛创新绩效指数继续领跑，均在100%以上。相较于上年，共有12个市创新绩效指数提升，其他四市创新资源指数下降（图2-7和图2-8）。

与上年相比，创新绩效指数位次上升最多的是潍坊、泰安和聊城，均较上年上升6位，原因分别是潍坊电子商务销售额占GDP比重、万元GDP综合能耗较上年降低率提高幅度均列全省前2位；泰安万元GDP综合能耗较上年降低率提升较快，远超其他市，位次由上年的第8位上升至第1位；聊城规模以上高新技术产业产值占规模以上工业产值比重、万元GDP综合能耗较上年降低率位次分别较上年提高3、13个位次。日照创新绩效指数位次较上年上升3位，由上年的第16位上升至第13位，主要因为万元GDP综合能耗较上年降低率位次提升较快，由上年的第13位上升至第2位。东营位次较上年上升1位。

创新绩效指数位次下降最多的是淄博，由上年的第6位下降至第11位，主要原因是万元GDP综合能耗较上年降低率位次下降较多，由上年的第6位下降至最后1位，电子商务销售额占GDP比重下降幅度全省最高。济宁、威海、临沂、德州创新绩效指数位次均较上年下降3位，其中，济宁、威海皆是因为电子商务销售额占GDP比重、万元GDP综合能耗较上年降低率下降幅度较大，导致创新绩效指数位次下降较多；临沂位次下降是因为规模以上高新技术产业产值占规模以上工业产值比重、万元GDP综合能耗较上年降低率位次下降较多；德州万元GDP综合能耗较上年降低率位次下降2位，加之其他创新绩效指标提高幅度不大，导致创新绩效被赶超，位次落后。菏泽创新绩效指数位次下降2位，主要因为规模以上高新技术产业产值占规模以上工业产值比重、万元GDP综合能耗较上年降低率位次下降较多。青岛、烟台、滨州创新绩效指数位次均下降1位。

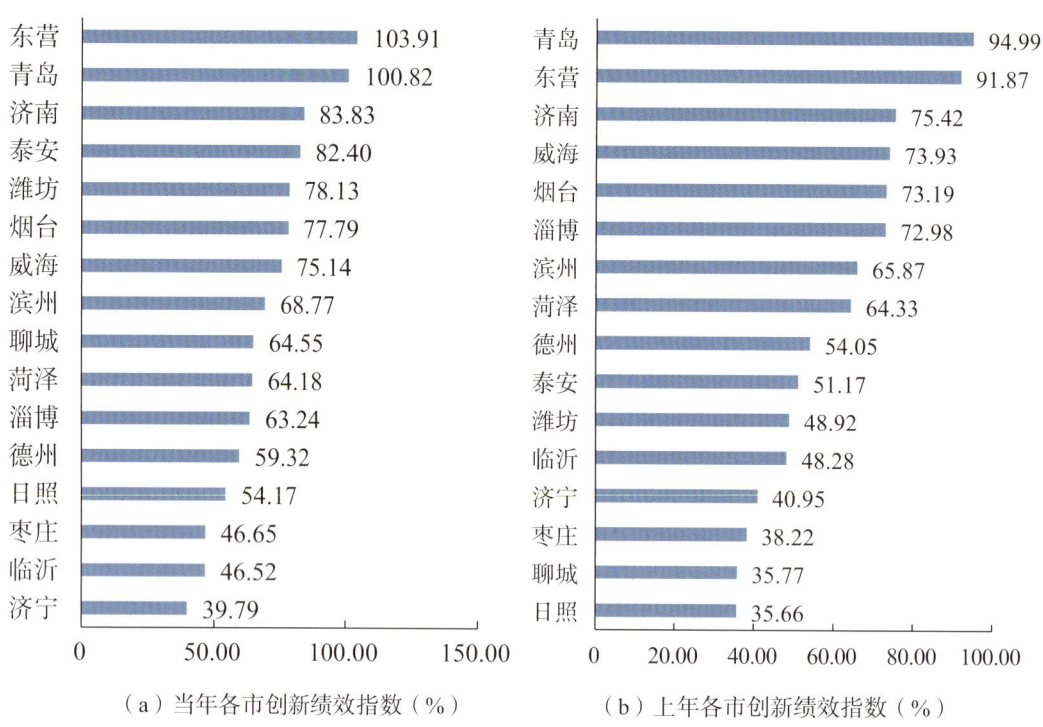

(a) 当年各市创新绩效指数（%）　　（b) 上年各市创新绩效指数（%）

图 2-7　区域创新绩效指数

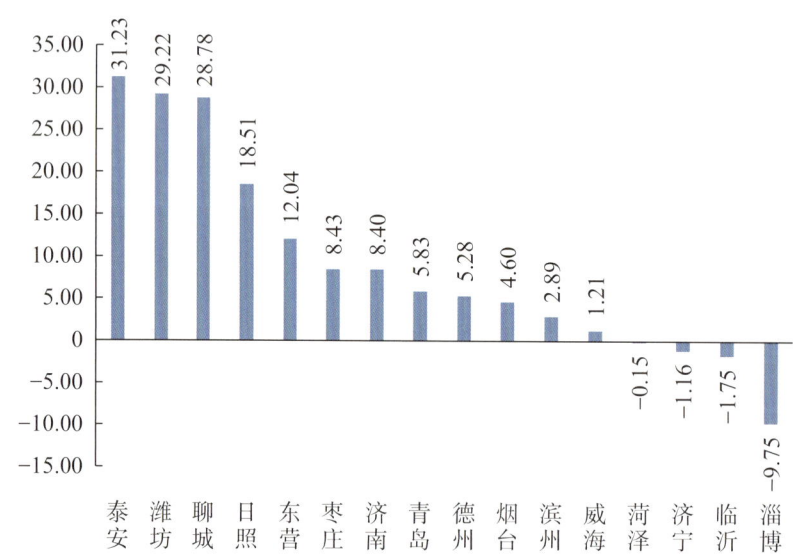

图 2-8　当年区域创新绩效指数较上年提高百分点

（五）创新环境评价

从创新环境指数来看，2020年，烟台、青岛、济南、淄博、威海居全省前5位，创新环境指数均在120%以上。其中，烟台、青岛遥遥领先，创新环境指数分别达到169.18%、154.88%。相较于上年，13个市创新环境指数实现增长，威海、德州、滨州3个市创新环境指数有所下降（图2-9和图2-10）。

与上年相比，临沂创新环境指数位次提升最快，由上年的第16位上升至第10位，主要原因是规模以上工业企业研发费用加计扣除减免税占企业研发经费的比重、每万名就业人员累计孵化企业数、实际使用外资金额占GDP比重、每万人互联网宽带接入用户数4个指标提高幅度均居全省前4位。其次是东营，创新环境指数位次较上年上升3位，主要原因是规模以上工业企业研发费用加计扣除减免税占企业研发经费的比重、每万名就业人员累计孵化企业数、实际使用外资金额占GDP比重3个指标均较上年实现较大增长。青岛、枣庄、潍坊创新环境指数位次均较上年上升2位，原因分别是：青岛规模以上工业企业研发费用加计扣除减免税占企业研发经费的比重位次提升较快，由上年的第9位上升至第4位；枣庄规模以上工业企业研发费用加计扣除减免税占企业研发经费的比重、每万名就业人员累计孵化企业数分别较上年提高1、2个位次；潍坊规模以上工业企业研发费用加计扣除减免税占企业研发经费的比重位次较上年上升1位，加之上年创新环境指数排在潍坊前面的滨州下降幅度较大，使得潍坊位次排名上升。淄博、济宁创新环境指数位次均上升1位。

创新环境指数位次下降最多的市是滨州，较上年下降5位，由上年的第7位下降至第12位，主要原因是规模以上工业企业研发费用加计扣除减免税占企业研发经费的比重、每万人互联网宽带接入用户数、每万名就业人员累计孵化企业数、实际使用外资金额占GDP比重4个指标位次均较上年出现不同程度的下降，其中，前2个指标下降幅度全省最大。其次是德州，创新环境指数位次较上年下降4位，主要因为德州规模以上工业企业研发费用加计扣除减免税占企业研发经费的比重、每万名就业人员累计孵化企业数、科学研究和技术服务业平均工资比较系数分别较上年下降3、3、6个位次。泰安、威海创新环境指数位次均较上年下降3位，泰安主要因为规模以上工业企业研发费用加计扣除减免税占企业研发经费的比重、科学研究和技术服务业平均工资比较系数位次分别较上年下降3、4个位次；威海位次下降的主要原因是规模以上工业企业研发费用加计扣除减免税占企业研发经费的比重位次下降较多，由上年的第3位下降至第9位。日照、聊城创新环境指数位次均较上年下降1位。

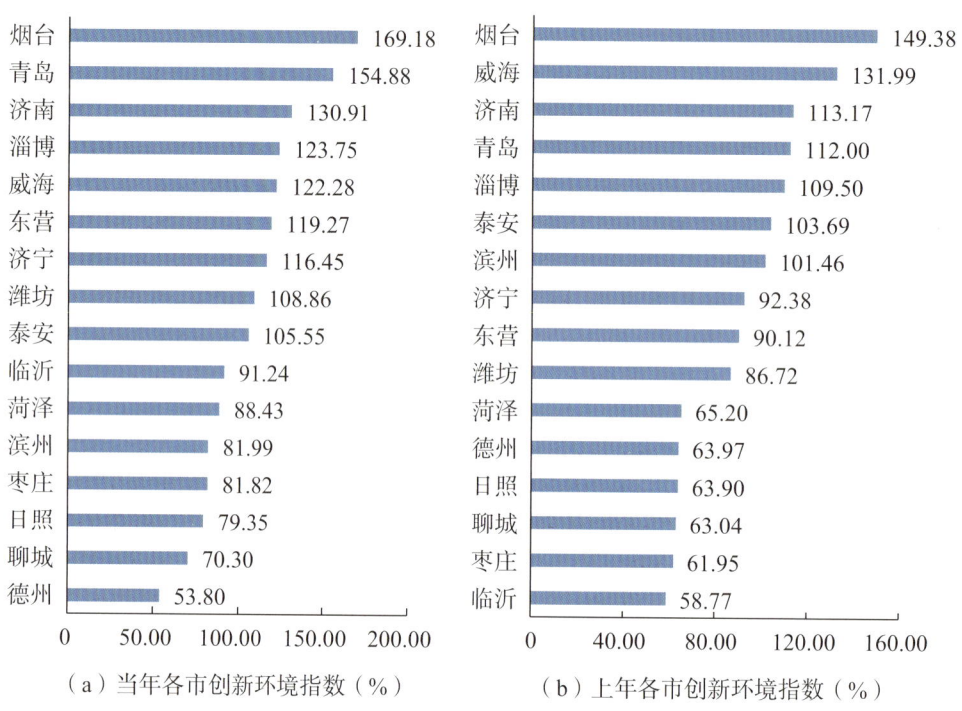

图 2-9 区域创新环境指数

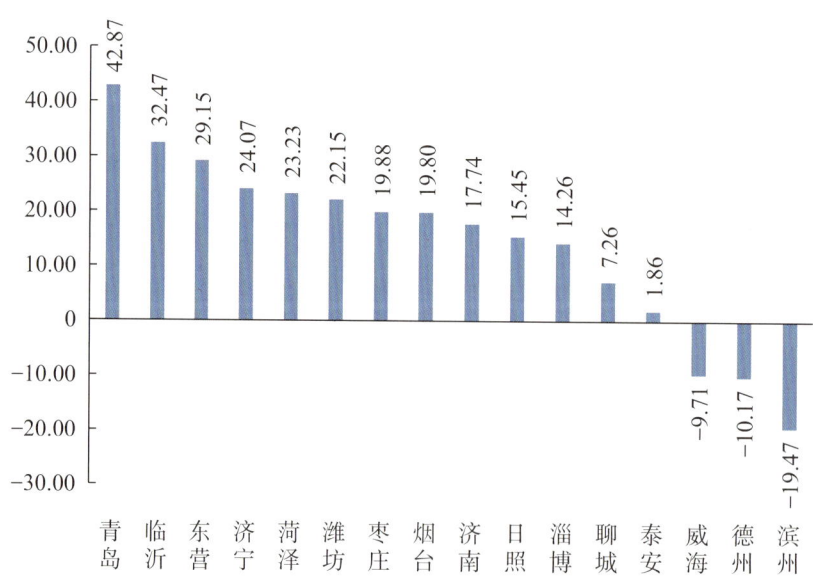

图 2-10 当年区域创新环境指数较上年提高百分点

二、区域科技创新二级指标评价

（一）全社会研发（R&D）经费支出占地区生产总值（GDP）的比重

2020年，全省全社会研发经费支出占地区生产总值的比重为2.30%，较上年提高0.18个百分点。从各市来看，滨州、德州、日照、聊城、淄博、济南、东营、青岛、泰安、威海10个市高于全省平均水平。与上年相比，聊城、滨州、德州、临沂、日照、济宁、济南、东营、烟台、威海、潍坊、菏泽12个市该比重提升，泰安、青岛、淄博、枣庄4个市下降（图2-11—图2-13）。

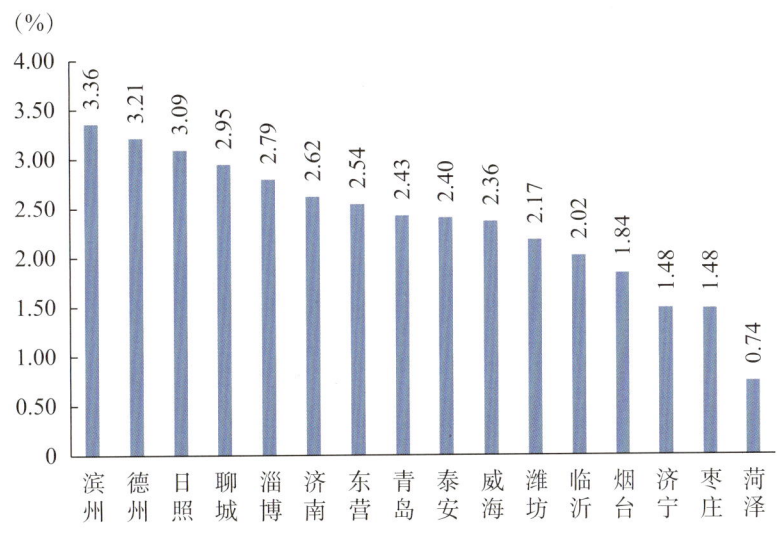

图2-11 当年指标值

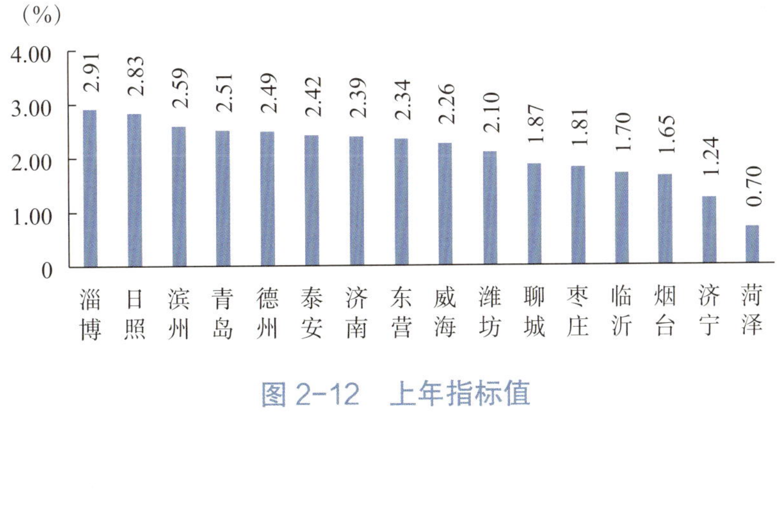

图2-12 上年指标值

图 2-13 当年指标值与上年指标值之差

(二) 地方财政科技支出占公共财政支出的比重

2020年,全省地方财政科技支出占公共财政支出的比重为2.66%,较上年下降0.19个百分点。从各市来看,滨州、烟台、日照、济南、青岛、潍坊6个市高于全省平均水平。与上年相比,仅滨州、临沂、菏泽、潍坊4个市该比重提升,其他市均出现不同程度的下降(图2-14—图2-16)。

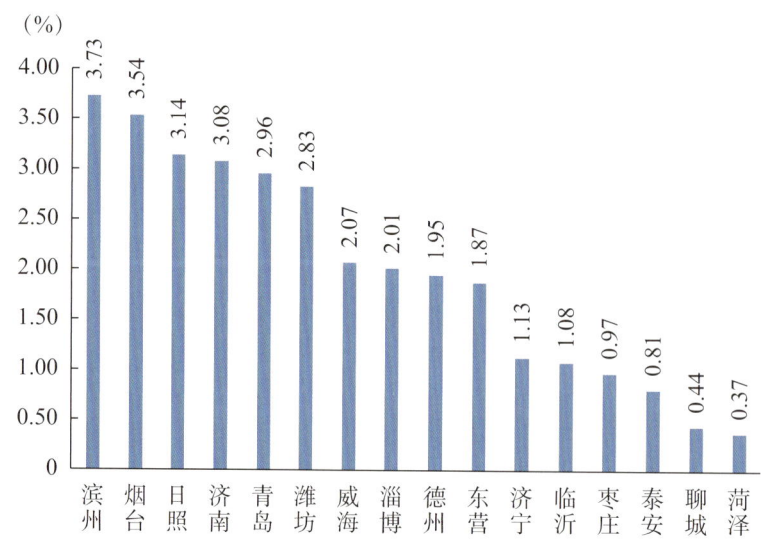

图 2-14 当年指标值

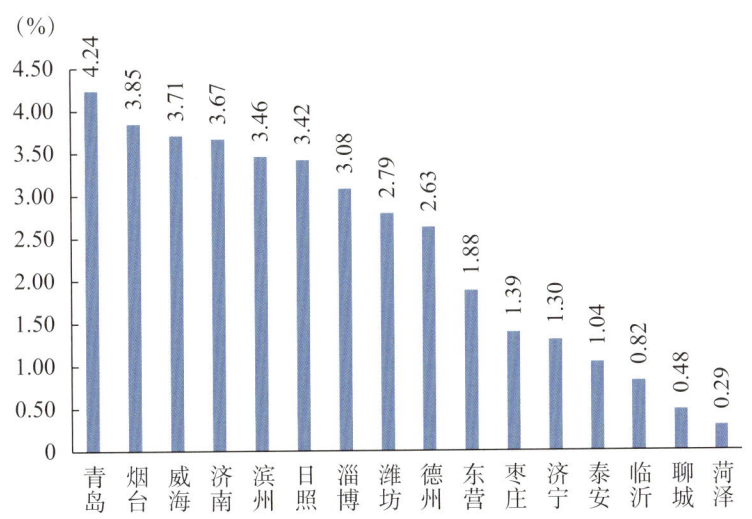

图 2-15 上年指标值

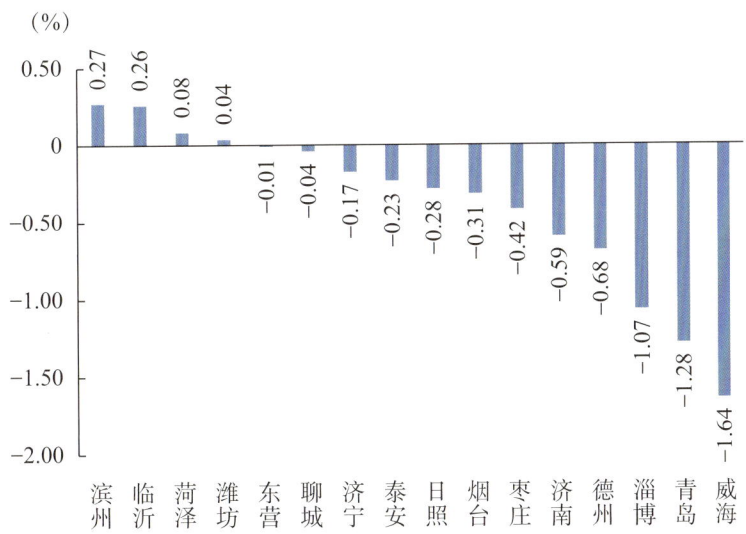

图 2-16 当年指标值与上年指标值之差

(三) 每万名就业人员中研发人员数

2020 年,全省每万名就业人员中研发人员数为 61.92 人年,较上年增长 11.79 人年。从各市来看,青岛、济南、淄博、东营、威海、滨州、烟台 7 个市高于全省平均水平,其中,青岛、济南遥遥领先,均超过 110 人年。与上年相比,16 个市该指标均实现增长,烟台、滨州、潍坊、东营、聊城 5 个市较上年增长超过 20 人年(图 2-17—图 2-19)。

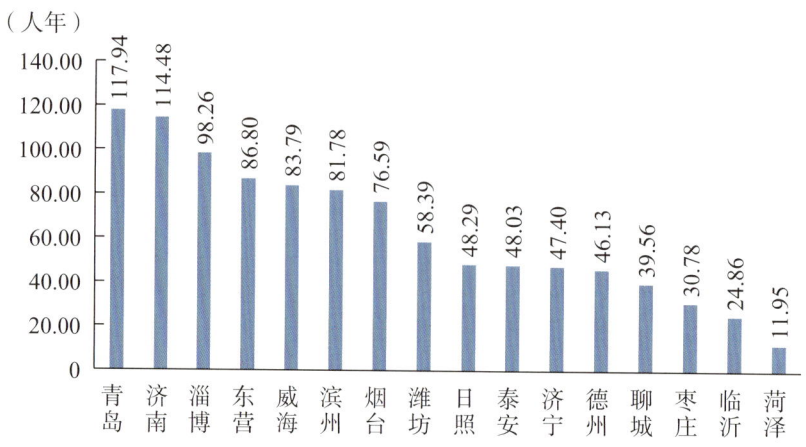

图 2-17　当年指标值

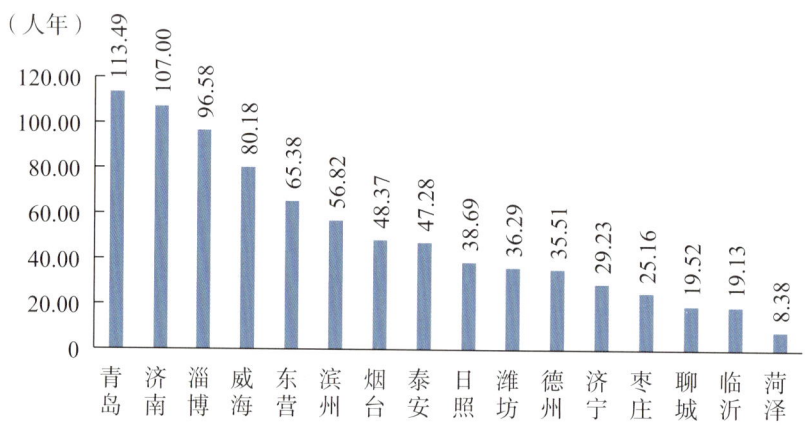

图 2-18　上年指标值

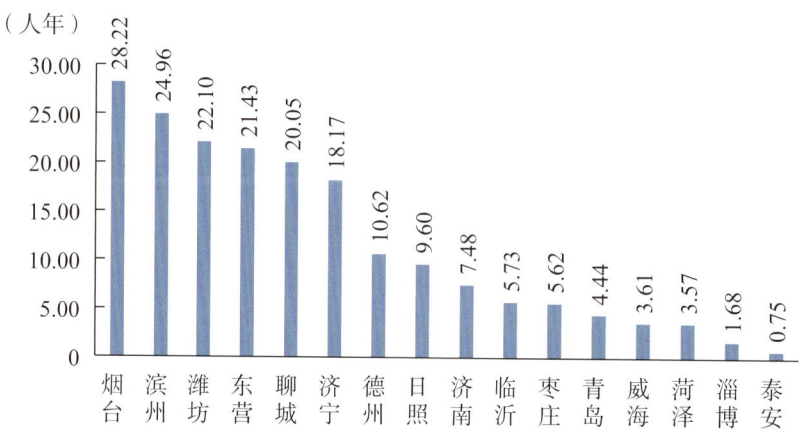

图 2-19　当年指标值与上年指标值之差

（四）基础研究经费支出占 R&D 经费支出的比重

2020年，全省基础研究经费支出占 R&D 经费支出的比重为 2.99%，较上年下降 0.85 个百分点。从各市来看，差距较大，济南、青岛该比重分别达到 6.95%、6.09%，其他市均低于全省平均水平。与上年相比，临沂、枣庄、菏泽、威海、聊城、德州、淄博、潍坊、烟台、日照 10 个市该比重提升，滨州、青岛、济南、泰安、济宁、东营均有所下降（图 2-20—图 2-22）。

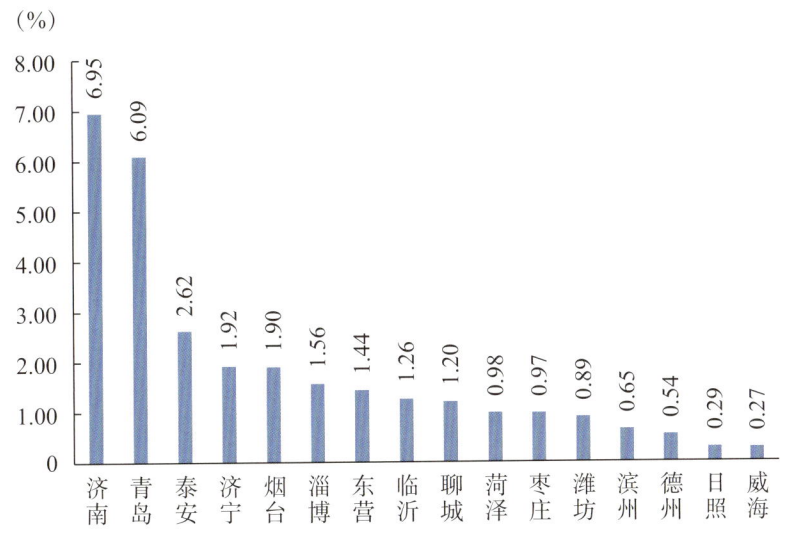

图 2-20　当年指标值

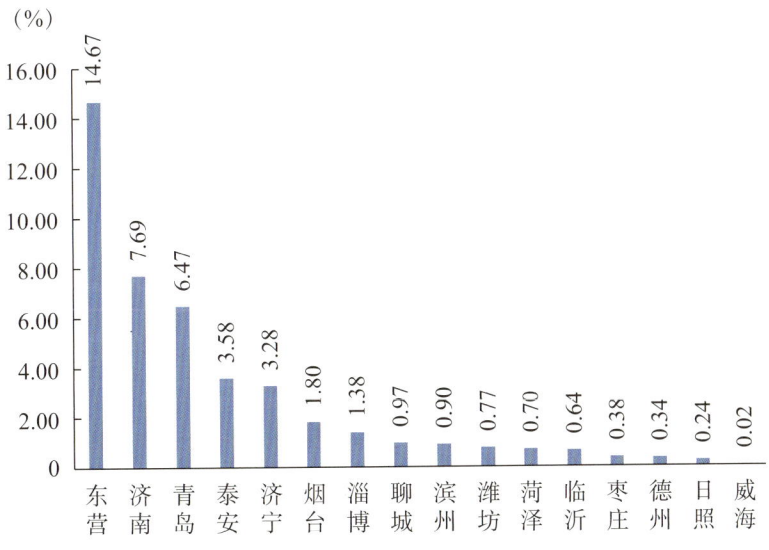

图 2-21　上年指标值

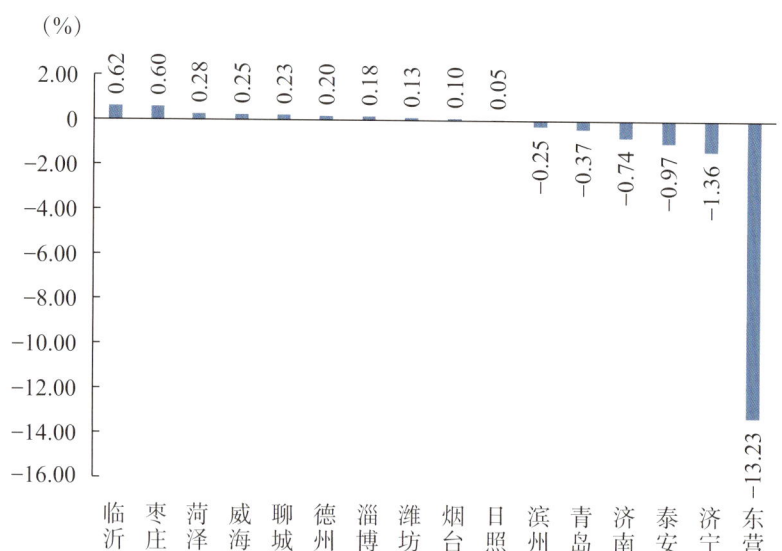

图 2-22 当年指标值与上年指标值之差

（五）每亿元 GDP 年登记技术合同成交额

2020 年，全省每亿元 GDP 年登记技术合同成交额为 267.19 万元，较上年增长 103.85 万元。从各市来看，枣庄、淄博、日照、聊城、威海、济南、滨州、东营 8 个市超过全省平均水平。与上年相比，16 个市该指标均出现大幅增长，其中，枣庄、滨州、聊城每亿元 GDP 年登记技术合同成交额增长超过 200 万元（图 2-23—图 2-25）。

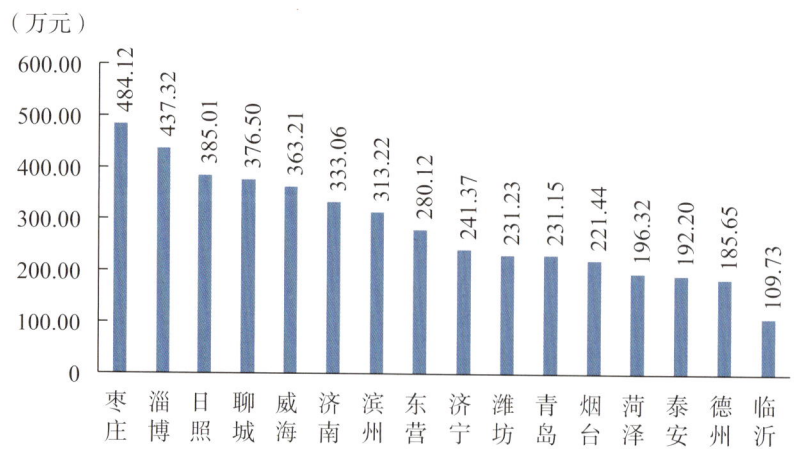

图 2-23 当年指标值

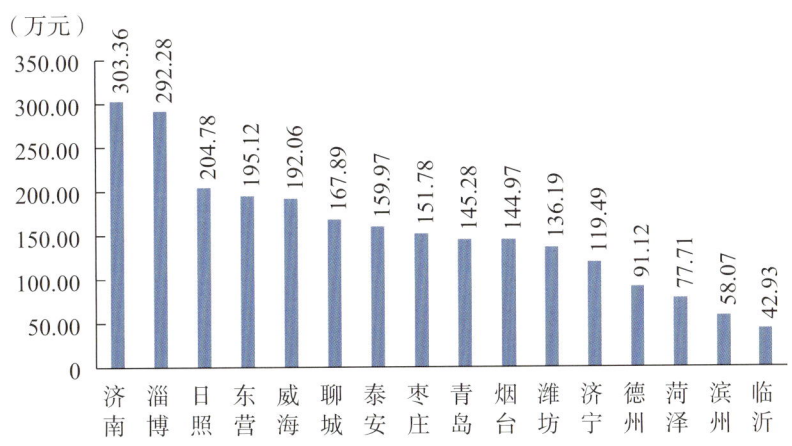

图 2-24　上年指标值

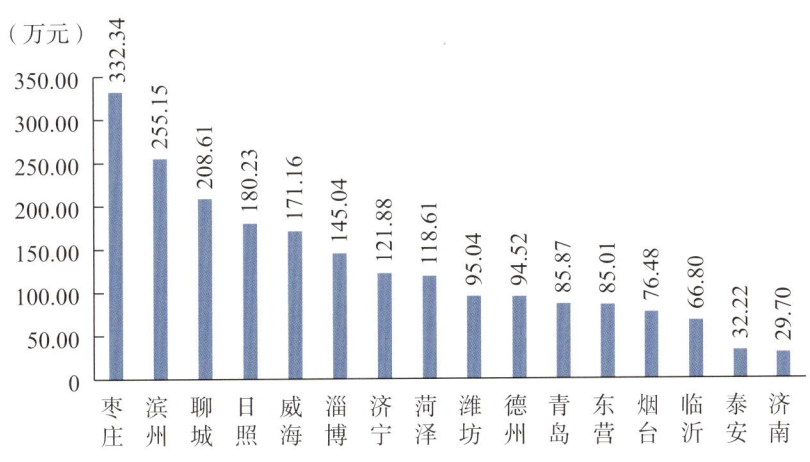

图 2-25　当年指标值与上年指标值之差

（六）每亿元 GDP 发明专利申请数

2020 年，全省每亿元 GDP 发明专利申请数为 1.19 件，较上年增长 0.2 件。从各市来看，青岛、济南、淄博、潍坊 4 个市高于全省平均水平。与上年相比，16 个市该指标均出现不同程度增长，其中，淄博、日照每亿元 GDP 发明专利申请数增长 0.4 件以上（图 2-26—图 2-28）。

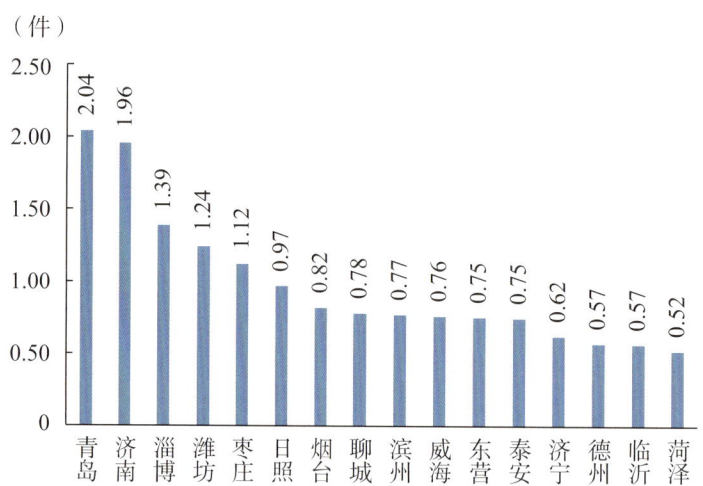

图 2-26 当年指标值

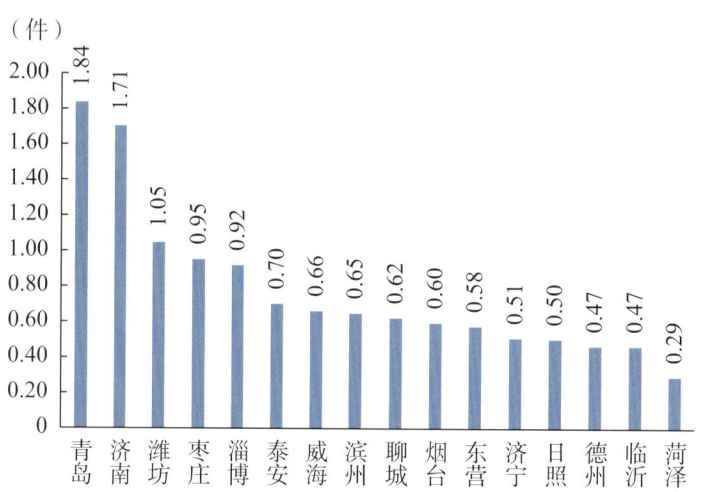

图 2-27 上年指标值

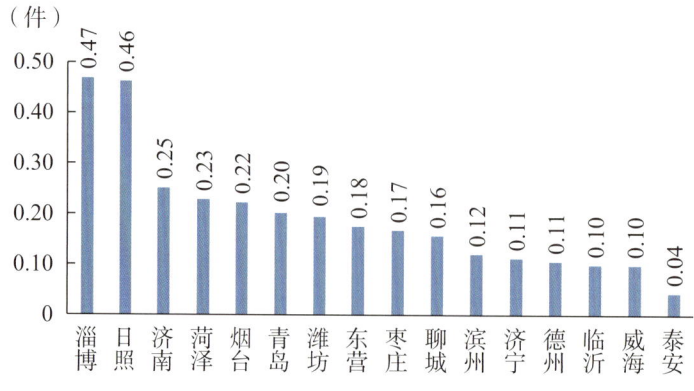

图 2-28 当年指标值与上年指标值之差

（七）每万人发明专利拥有量

2020年，全省每万人发明专利拥有量12.4件，较上年提高2.32件。从各市来看，分化较为严重，青岛、济南、淄博、东营、威海5个市超过全省平均水平，其中，济南、青岛分别达到41.03、33.18件，远超过其他市，泰安、济宁、聊城、临沂、德州、菏泽在5件以下。与上年相比，16个市该指标均实现增长，青岛该指标较上年提高6.66件，济南、东营、日照3市较上年提高均超过3件（图2-29—图2-31）。

图2-29　当年指标值

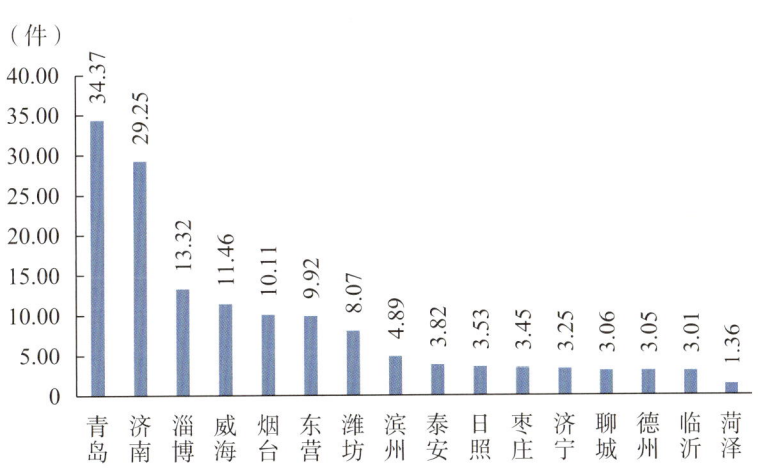

图2-30　上年指标值

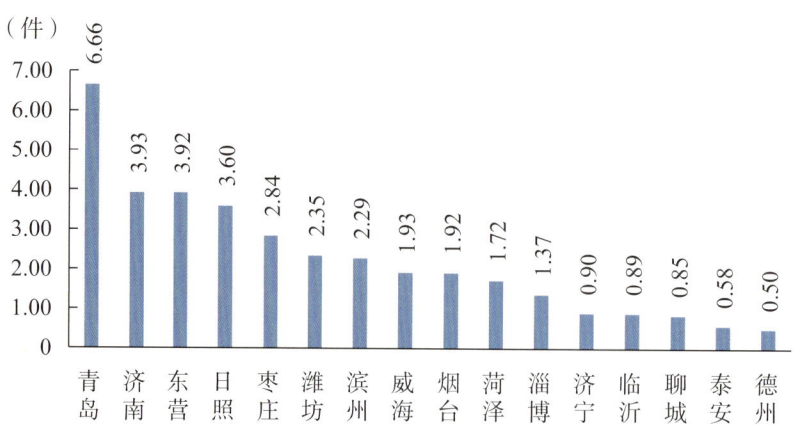

图 2-31　当年指标值与上年指标值之差

（八）规模以上工业企业 R&D 经费支出占营业收入的比重

2020年，全省规模以上工业企业R&D经费支出占营业收入的比重为1.57%，较上年提高0.11个百分点。从各市来看，德州、威海、泰安、青岛、济南、淄博、聊城、枣庄、临沂、济宁10个市超过全省平均水平。与上年相比，聊城、德州、威海、济宁、临沂、滨州、淄博、东营、菏泽、潍坊、烟台、济南12个市该指标提升，泰安、青岛、日照、枣庄4个市出现下降（图2-32—图2-34）。

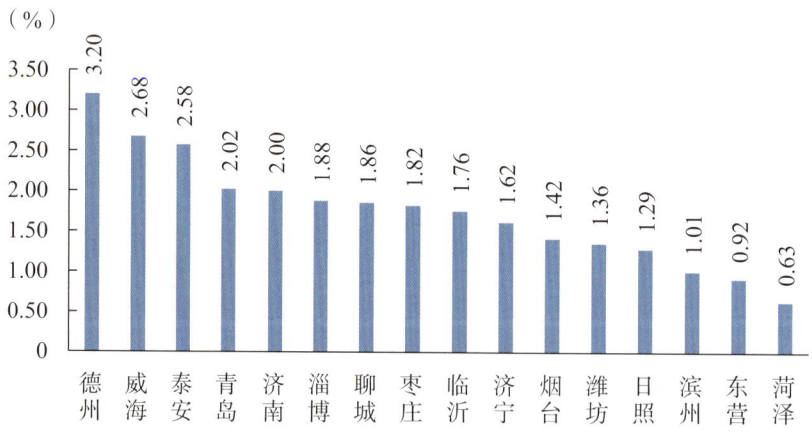

图 2-32　当年指标值

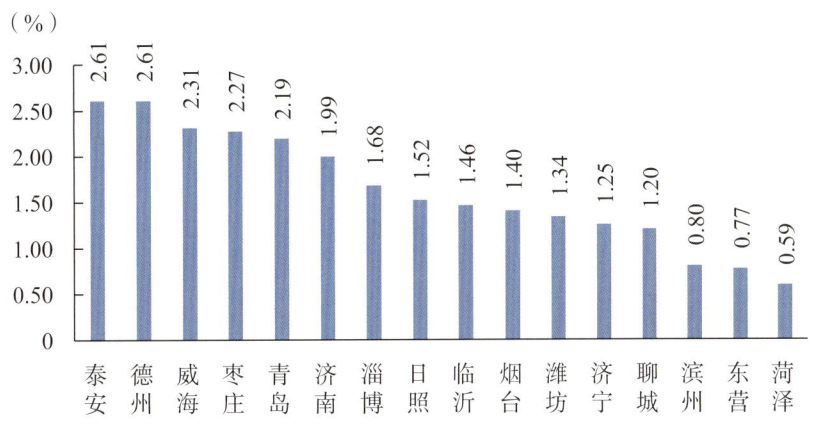

图 2-33 上年指标值

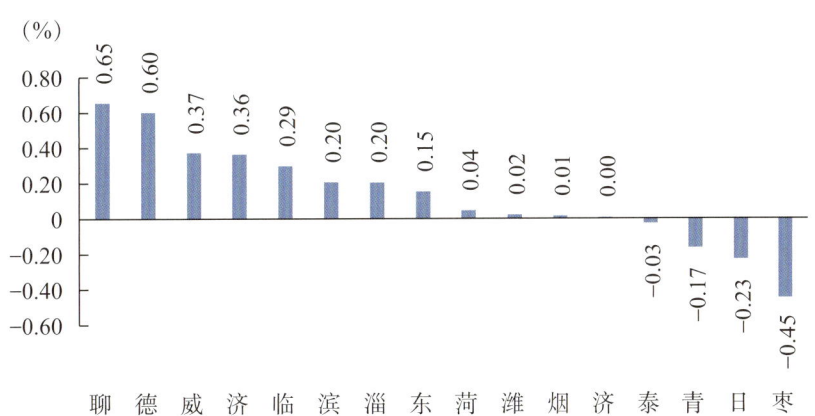

图 2-34 当年指标值与上年指标值之差

（九）规模以上工业企业 R&D 人员占规模以上工业企业从业人员比重

2020 年，全省规模以上工业企业 R&D 人员占规模以上工业企业从业人员比重为 6.93%，较上年提高 1.39 个百分点。从各市来看，德州、日照、济南、淄博、青岛、烟台、泰安、滨州、威海 9 个市高于全省平均水平。与上年相比，济宁、烟台、滨州、日照、聊城、德州、临沂、潍坊、威海、菏泽、枣庄、东营、泰安 13 个市该比重提升，济南、淄博、青岛 3 个市该比重下降（图 2-35—图 2-37）。

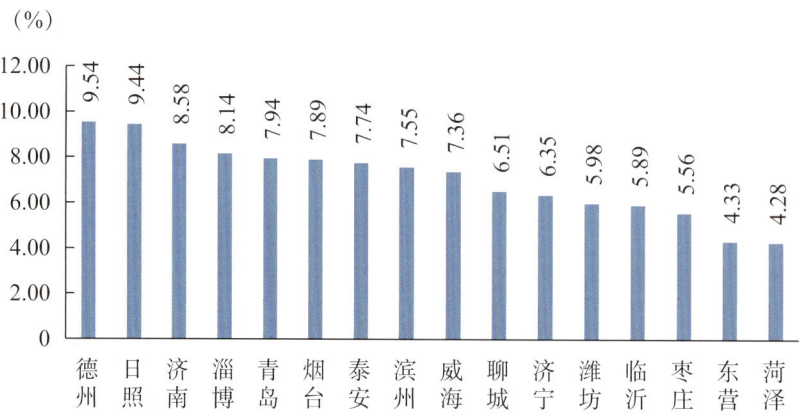

图 2-35 当年指标值

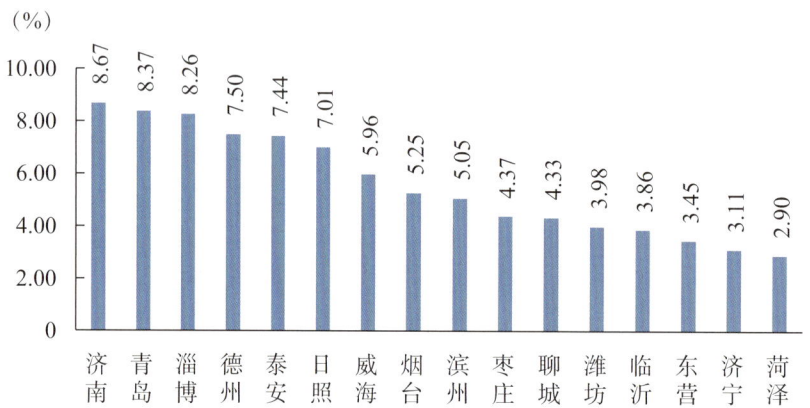

图 2-36 上年指标值

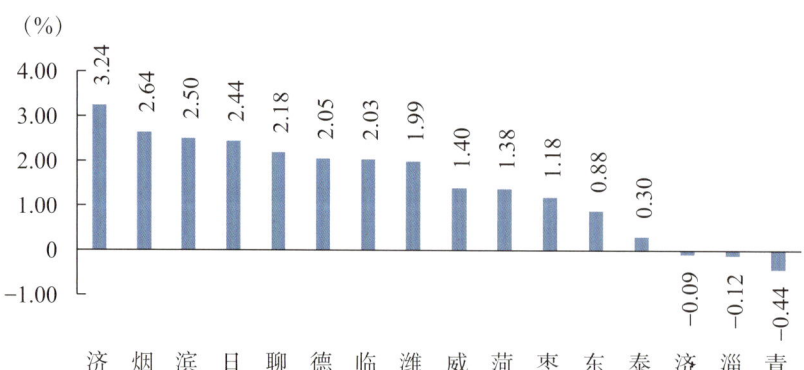

图 2-37 当年指标值与上年指标值之差

（十）每万家企业法人单位中高新技术企业数

2020年，全省每万家企业法人单位中高新技术企业数58.91家，较上年增长1.07家。从各市来看，青岛、威海、济南、东营、淄博高于全省平均水平。其中，青岛、威海、济南均在90家以上。与上年相比，威海、淄博、烟台、济南、德州、泰安、滨州、日照、菏泽、潍坊10个市该指标实现增长，其余市出现不同程度的下降（图2-38—图2-40）。

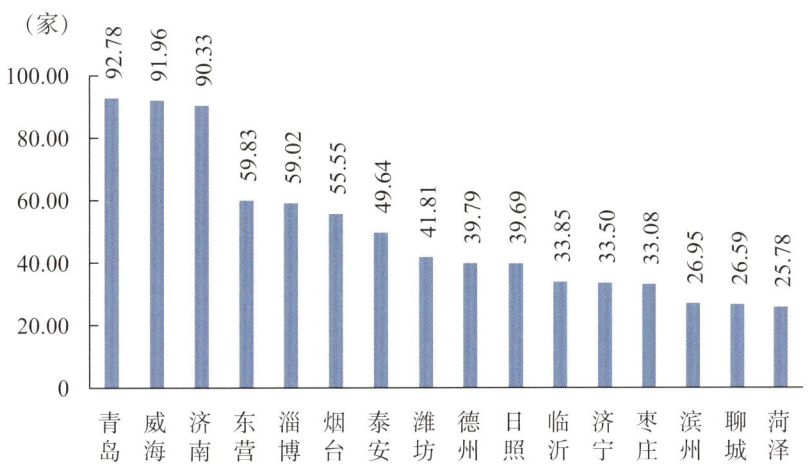

图2-38　当年指标值

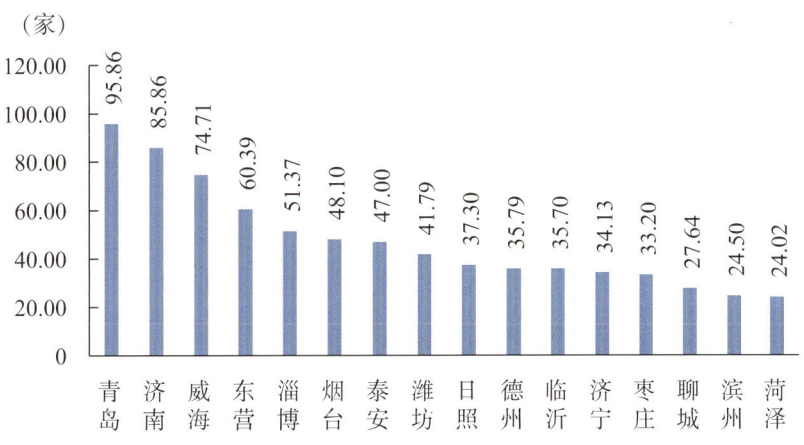

图2-39　上年指标值

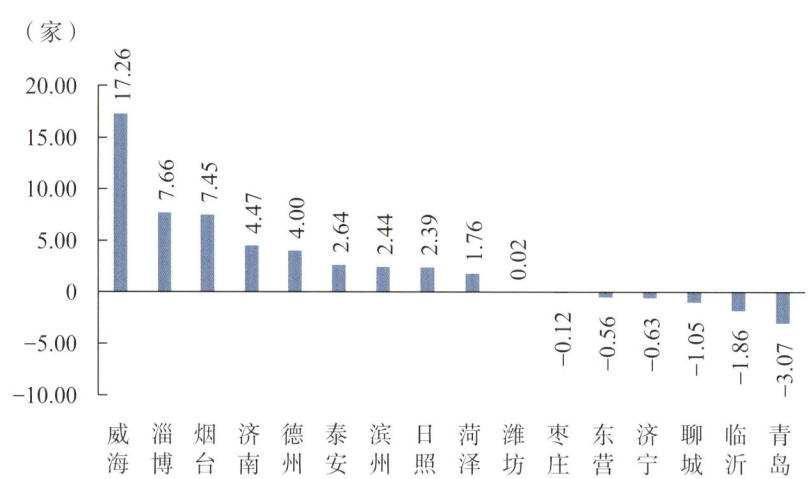

图 2-40　当年指标值与上年指标值之差

（十一）有研发机构的规模以上工业企业占规模以上工业企业比重

2020 年，全省有研发机构的规模以上工业企业占规模以上工业企业比重为 13.39%，较上年提高 3.93 个百分点。从各市来看，滨州、济宁、聊城、淄博、烟台、济南 6 个市超过全省平均水平，其中，滨州、济宁、聊城该比重均在 25% 以上，领先优势明显。与上年相比，聊城、滨州、济宁、潍坊、烟台、临沂、泰安、菏泽、日照、威海、淄博、济南 12 个市该比重提升，其中，聊城、滨州、济宁 3 个市该比重较上年提高超过 15 个百分点；东营、青岛、枣庄、德州 4 个市该比重下降（图 2-41—图 2-43）。

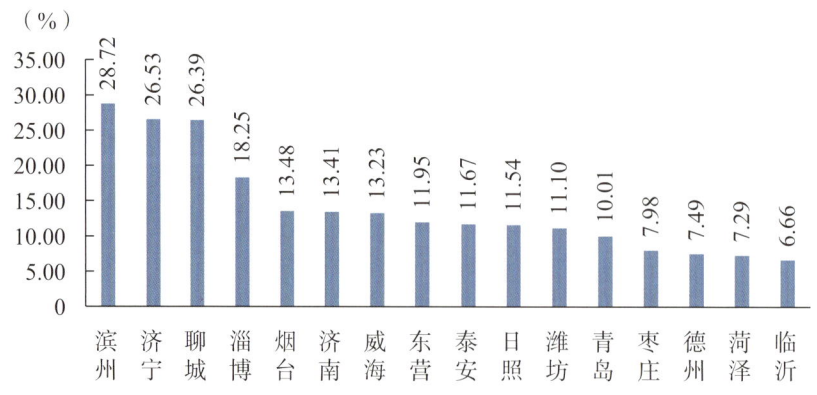

图 2-41　当年指标值

区域科技创新各级指标评价 | 第二部分

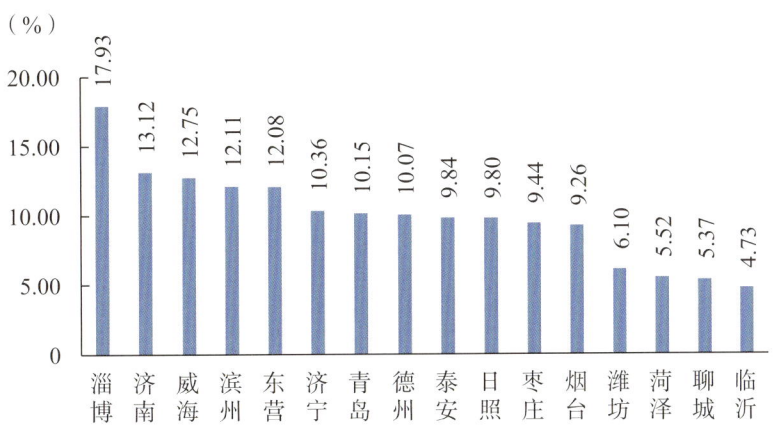

图 2-42 上年指标值

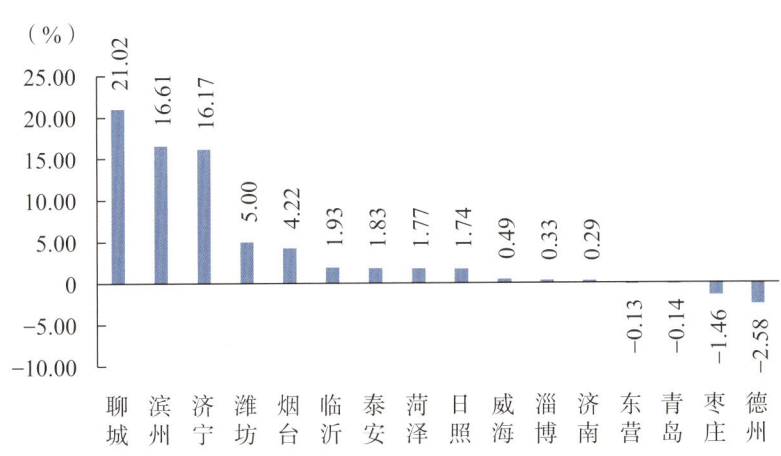

图 2-43 当年指标值与上年指标值之差

（十二）规模以上工业企业新产品销售收入占营业收入比重

2020 年，全省规模以上工业企业新产品销售收入占营业收入比重为 19.60%，较上年提高 3.38 个百分点。从各市来看，济南、威海、聊城、潍坊、青岛、德州、泰安、烟台、济宁、淄博 10 个市高于全省平均水平。与上年相比，聊城、潍坊、威海、济南、淄博、烟台、济宁、青岛、临沂、菏泽、枣庄、东营、滨州 13 个市该比重实现增长，其中，聊城该比重较上年提高超过 10 个百分点，潍坊、威海该比重提高幅度也在 7 个百分点以上；德州、日照、泰安 3 个市的该比重下降（图 2-44—图 2-46）。

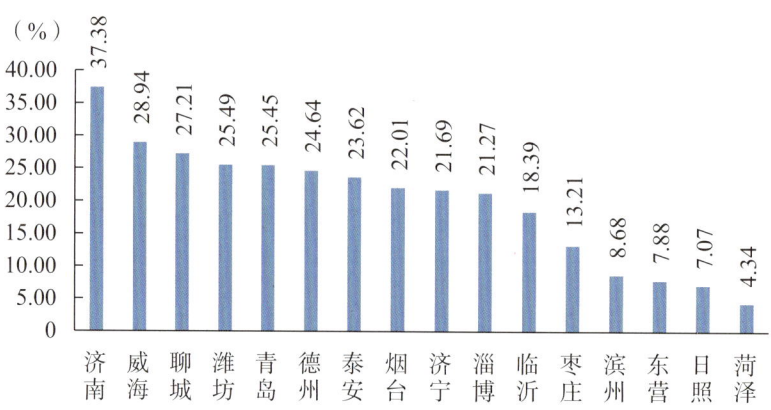

图 2-44　当年指标值

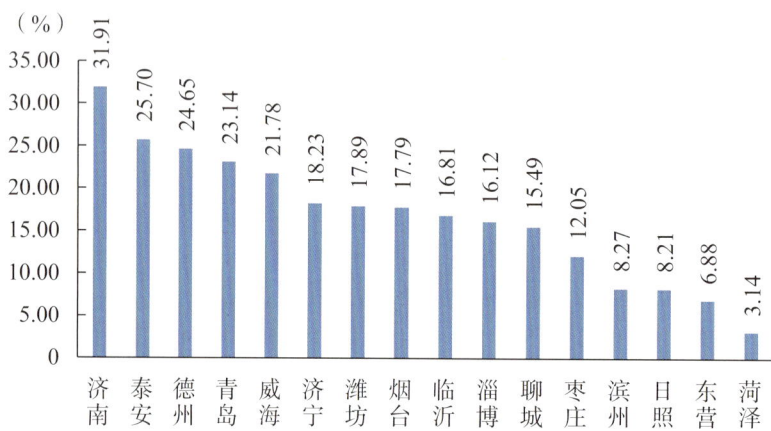

图 2-45　上年指标值

图 2-46　当年指标值与上年指标值之差

区域科技创新各级指标评价 | 第二部分

（十三）规模以上高新技术产业产值占规模以上工业产值比重

2020年，全省规模以上高新技术产业产值占规模以上工业产值比重为45.11%，较上年提高4.97个百分点。从各市来看，青岛、威海、济南、烟台、潍坊、泰安6个市超过全省平均水平，其中，青岛、威海该比重高于60%。与上年相比，除日照有1.11个百分点的下降外，其余15个市该比重均实现增长，其中，威海、聊城、滨州、济宁、青岛提高幅度超过8%（图2-47—图2-49）。

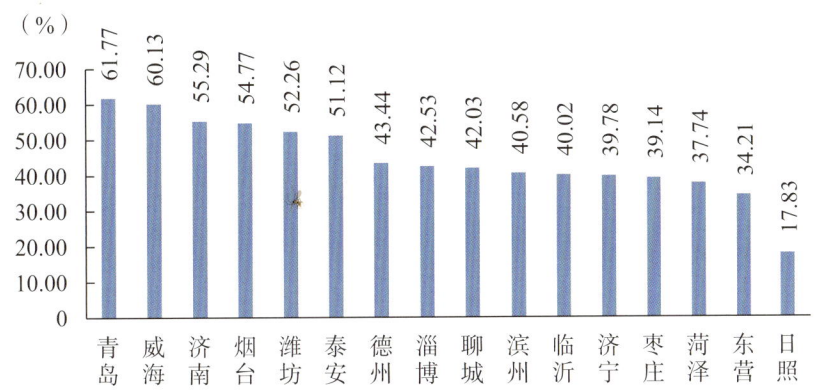

图 2-47 当年指标值

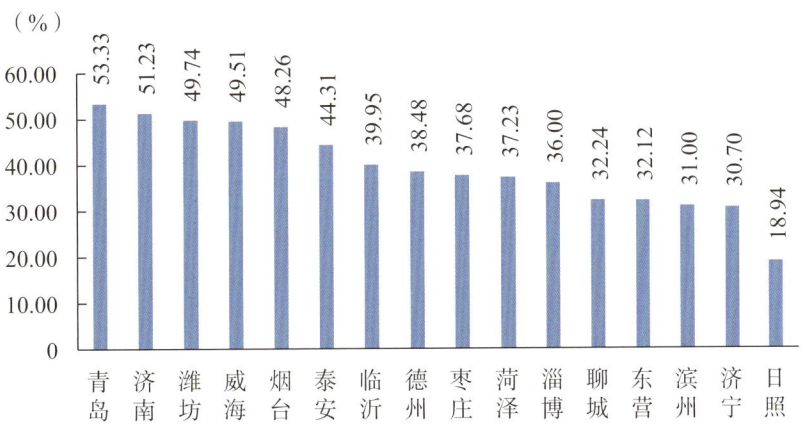

图 2-48 上年指标值

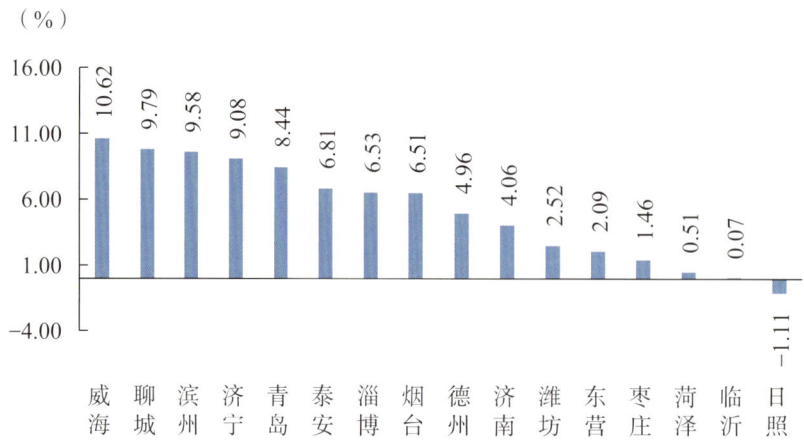

图 2-49　当年指标值与上年指标值之差

（十四）电子商务销售额占 GDP 比重

2020 年，全省电子商务销售额占 GDP 比重为 18.90%，较上年提高 0.64 个百分点。从各市来看，东营、青岛、烟台、淄博、潍坊 5 个市高于全省平均水平。其中，东营、青岛该比重在 35% 以上，分别达 48.21%、35.25%。与上年相比，潍坊、济南、青岛、菏泽、德州、临沂、烟台、日照 8 个市该比重提升，其余 8 个市较上年存在不同程度下降（图 2-50—图 2-52）。

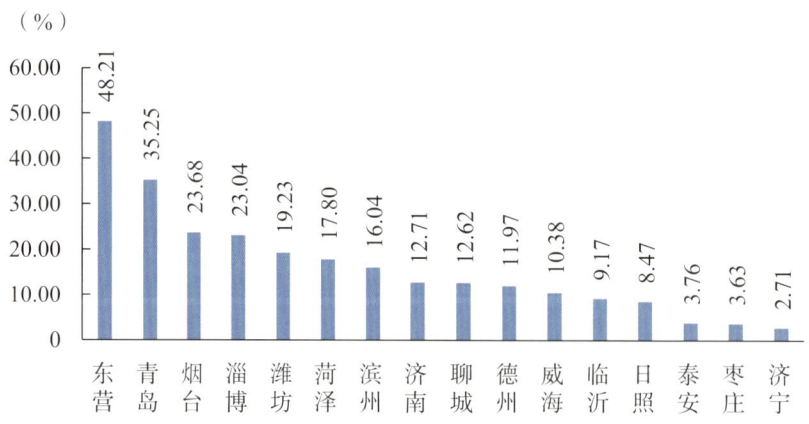

图 2-50　当年指标值

图 2-51 上年指标值

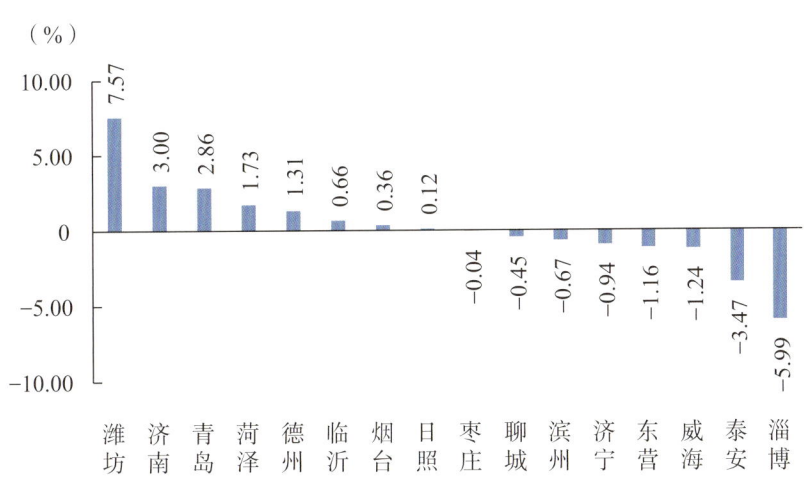

图 2-52 当年指标值与上年指标值之差

（十五）全员劳动生产率

2020 年，全省全员劳动生产率为 13.27 万元 / 人，较上年提高 0.59 万元 / 人。从各市来看，东营、青岛、济南、烟台、威海、淄博 6 个市超过全省平均水平。其中，东营、青岛、济南全员劳动生产率高于 20 万元 / 人。与上年相比，16 个市该指标均实现增长。其中，济南、青岛全员劳动生产率较上年增长超过 1 万元 / 人（图 2-53—图 2-55）。

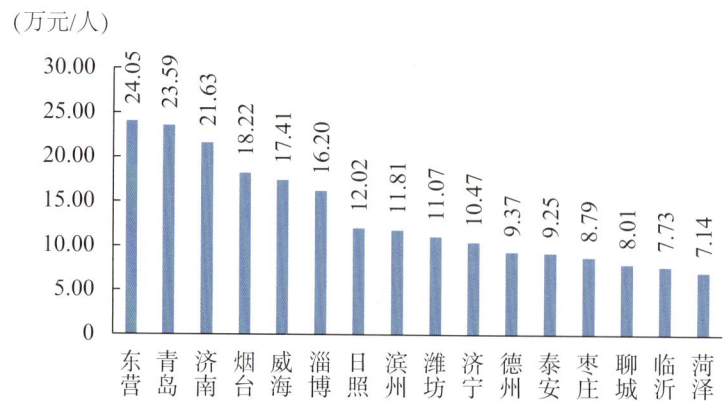

图 2-53　当年指标值

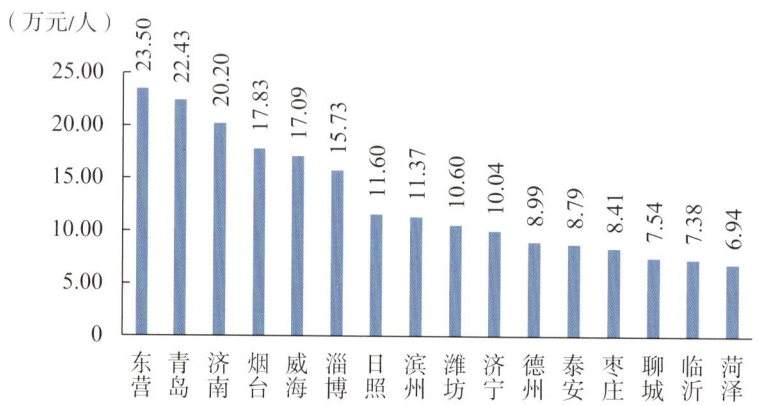

图 2-54　上年指标值

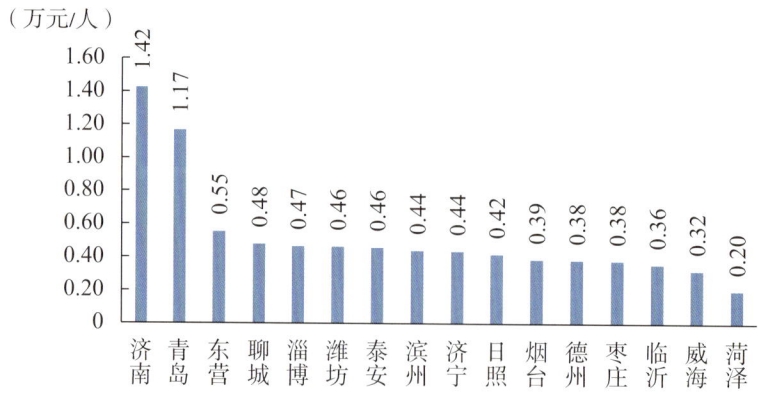

图 2-55　当年指标值与上年指标值之差

（十六）万元 GDP 综合能耗较上年降低率

2020年，全省万元 GDP 综合能耗较上年降低率为 2.41%，较上年降低幅度收窄 0.86 个百分点。从各市来看，仅济宁、淄博低于全省平均水平，其余 14 个市均高于全省平均水平，其中，泰安该指标表现突出，达 16.00%，遥遥领先其他市。与上年相比，聊城、潍坊、泰安、日照、东营、枣庄、德州、济南 8 个市万元 GDP 综合能耗下降幅度继续扩大，其余 8 个市下降幅度收窄（图 2-56—图 2-58）。

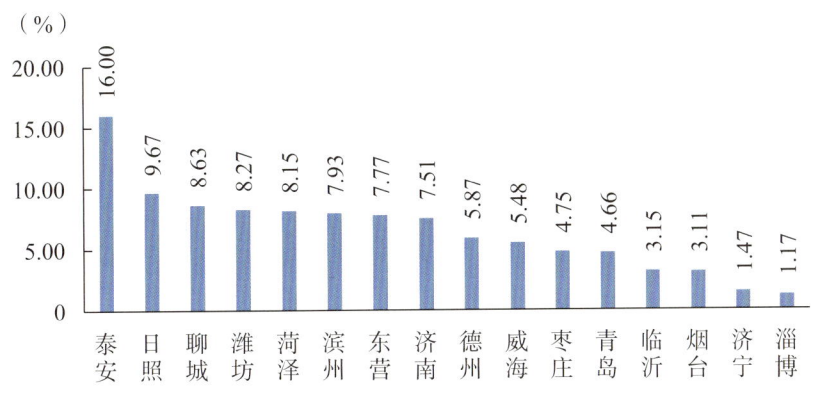

图 2-56　当年指标值

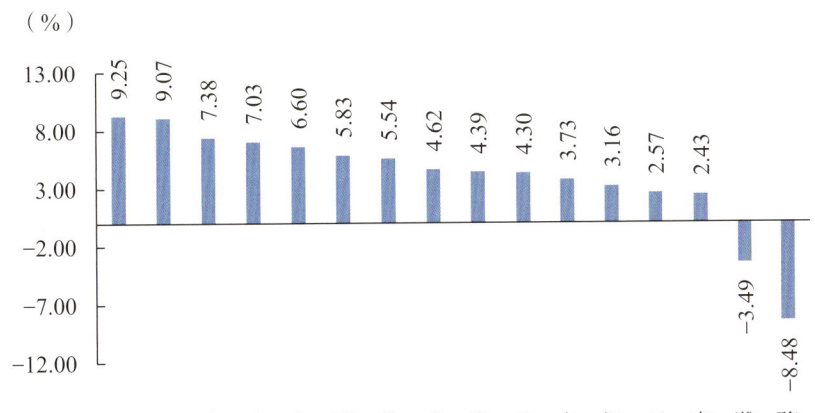

图 2-57　上年指标值

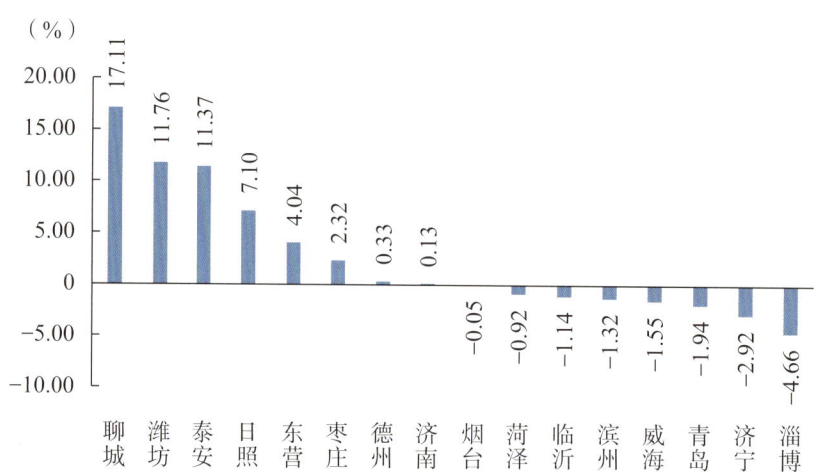

图 2-58　当年指标值与上年指标值之差

（十七）研发费用加计扣除减免税占企业研发经费的比重

2020 年，全省研发费用加计扣除减免税占企业研发经费的比重为 9.52%，较上年提高 2.16 个百分点。从各市来看，菏泽、烟台、济宁、青岛、淄博、潍坊 6 个市高于全省平均水平。其中，菏泽、烟台该比重超过 15%，分别达 18.93%、15.91%。与上年相比，菏泽、青岛、济宁、临沂、东营、潍坊、济南、枣庄、烟台、淄博、日照、聊城 12 个市该比重提升，泰安、德州、威海、滨州 4 个市该比重下降（图 2-59—图 2-61）。

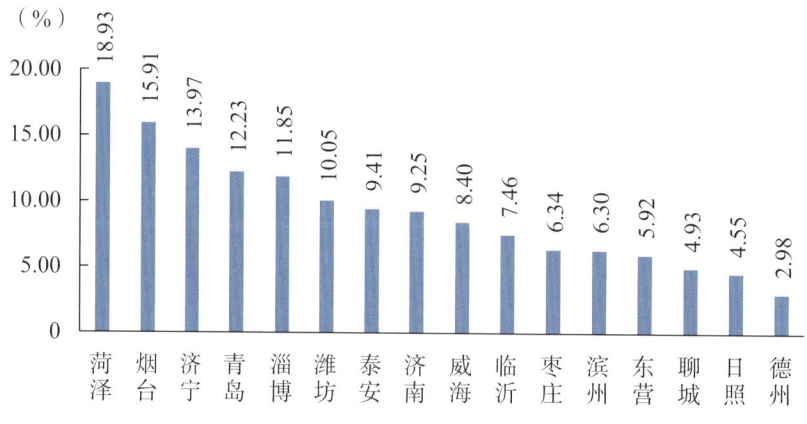

图 2-59　当年指标值

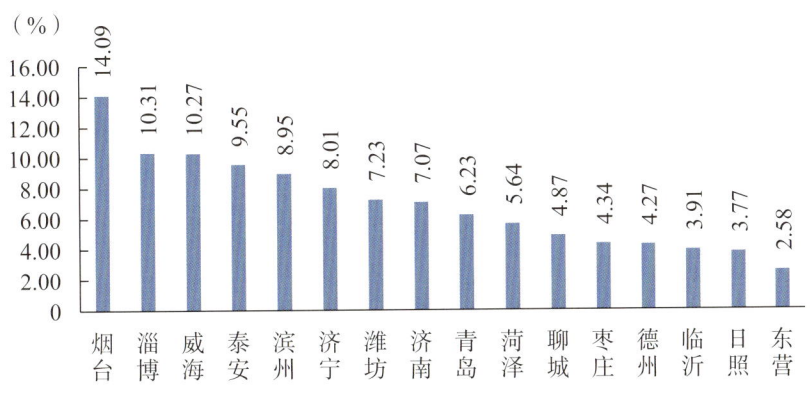

图 2-60　上年指标值

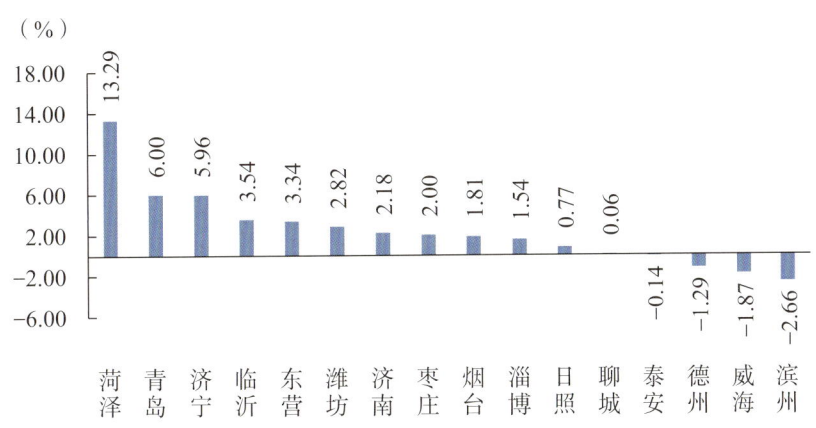

图 2-61　当年指标值与上年指标值之差

（十八）每万名就业人员累计孵化企业数

2020 年，全省每万名就业人员累计孵化企业数 2.23 家，较上年下降 0.02 家。从各市来看，东营、济南、威海、青岛、烟台、日照、济宁 7 个市超过全省平均水平。其中，东营该指标达 11.08 家，其余市该指标均在 5 家以下，优势突出。与上年相比，东营、烟台、淄博、临沂、聊城、菏泽、威海、济南 8 个市该指标有所增长，其余 8 个市该指标下降（图 2-62—图 2-64）。

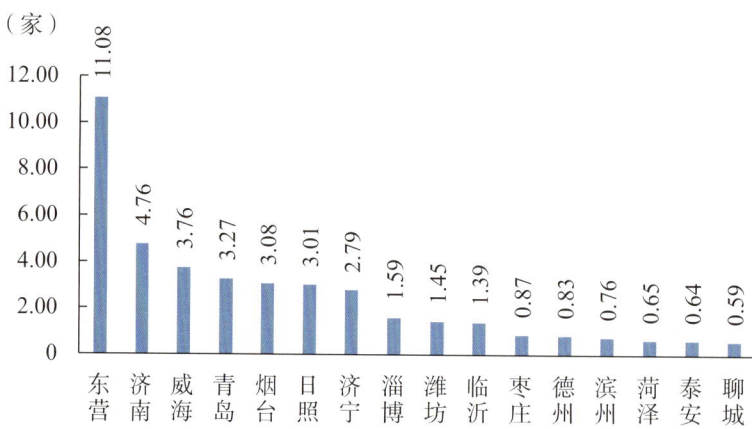

图 2-62　当年指标值

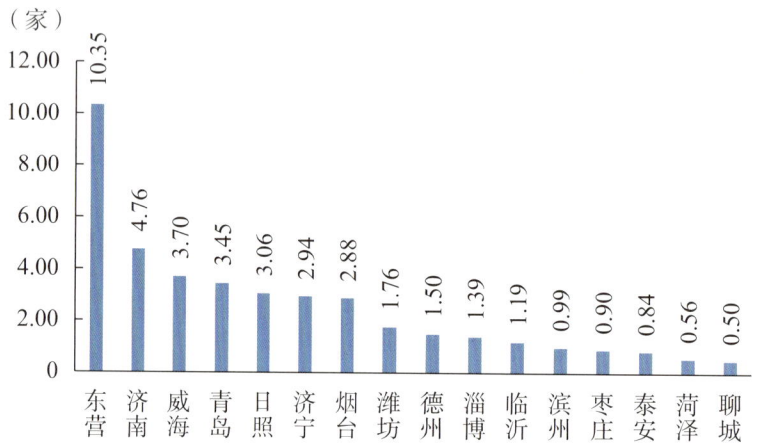

图 2-63　上年指标值

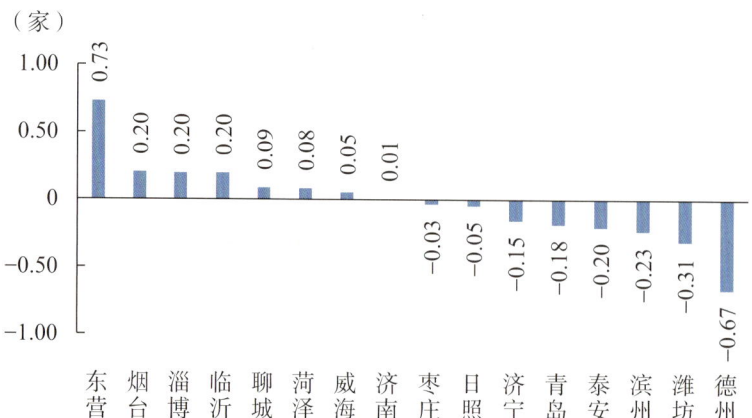

图 2-64　当年指标值与上年指标值之差

第二部分 区域科技创新各级指标评价

（十九）科学研究和技术服务业平均工资比较系数

2020年，全省科学研究和技术服务业平均工资比较系数为103.15%，较上年提高4.04个百分点。从各市来看，青岛、济南、聊城、烟台4个市高于全省平均水平。与上年相比，日照、聊城、济宁、烟台、枣庄、菏泽、滨州、济南、临沂、威海、淄博11个市该指标提升，潍坊、青岛、德州、东营、泰安5个市该指标下降（图2-65—图2-67）。

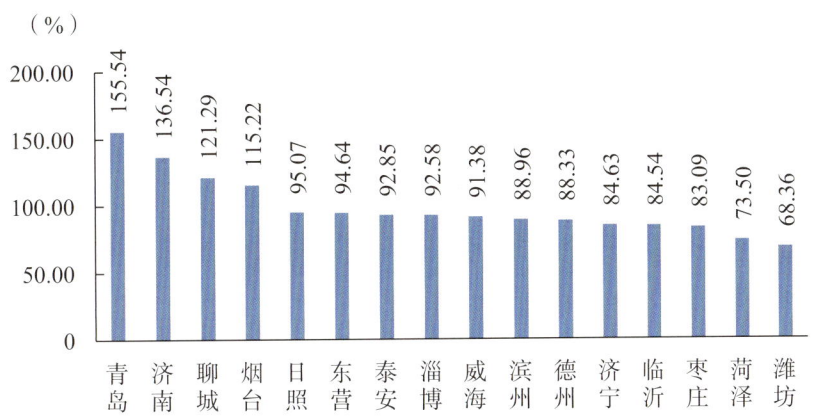

图 2-65　当年指标值

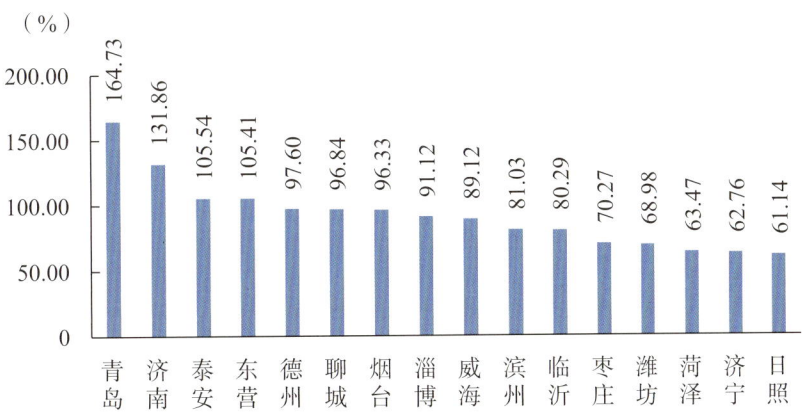

图 2-66　上年指标值

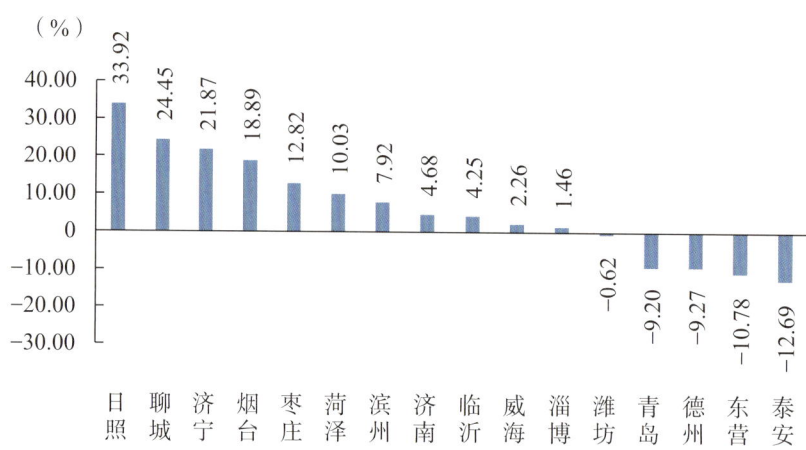

图 2-67　当年指标值与上年指标值之差

（二十）实际使用外资金额占 GDP 比重

2020 年，全省实际使用外资金额占 GDP 比重为 1.66%，较上年提高 0.22 个百分点。从各市来看，青岛、威海、烟台、泰安 4 个市高于全省平均水平。其中，青岛、威海该比重均在 3% 以上，远超过其他市。与上年相比，除青岛、济南该比重下降外，其余 14 个市均较上年实现增长（图 2-68—图 2-71）。

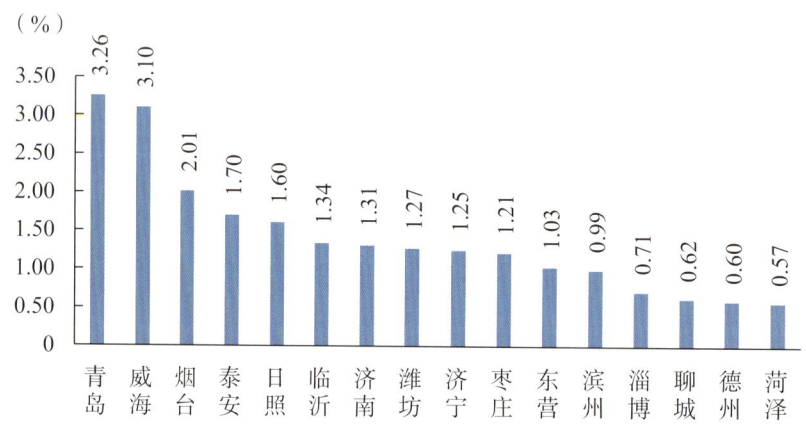

图 2-68　当年指标值

区域科技创新各级指标评价 | 第二部分

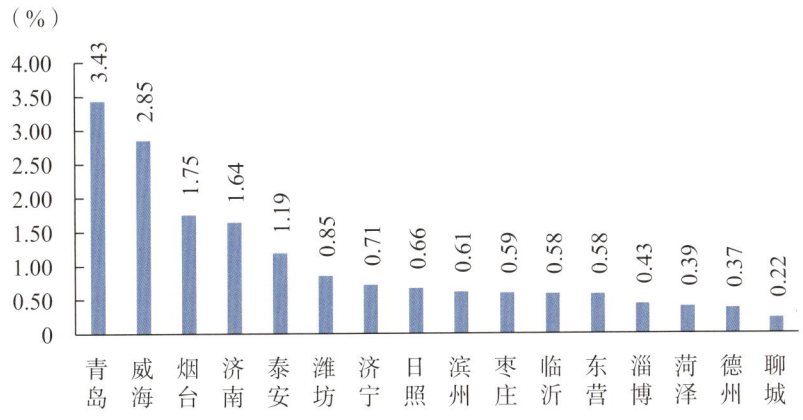

图 2-69 上年指标值

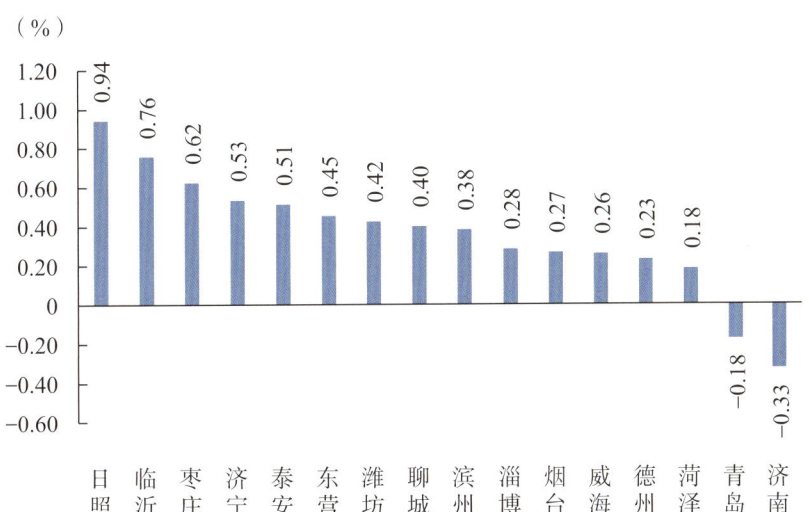

图 2-70 当年指标值与上年指标值之差

（二十一）每万人互联网宽带接入用户数

2020年，全省每万人互联网宽带接入用户数0.34万户，较上年提高0.02万户。从各市来看，济南、威海、东营、青岛、烟台超过全省平均水平。与上年相比，除滨州较上年有0.04万户的下降外，其余15个市均较上年有所增长（图2-71—图2-73）。

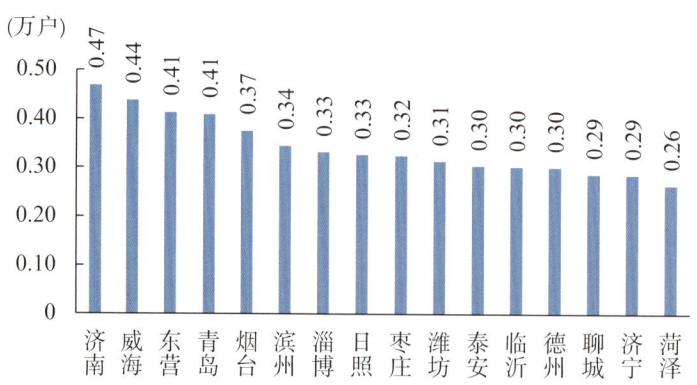

图 2-71　当年指标值

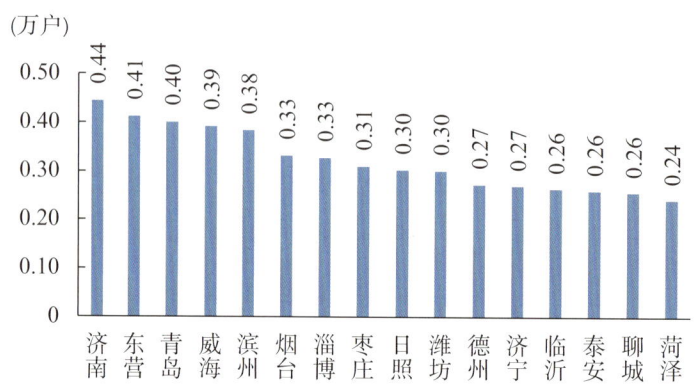

图 2-72　上年指标值

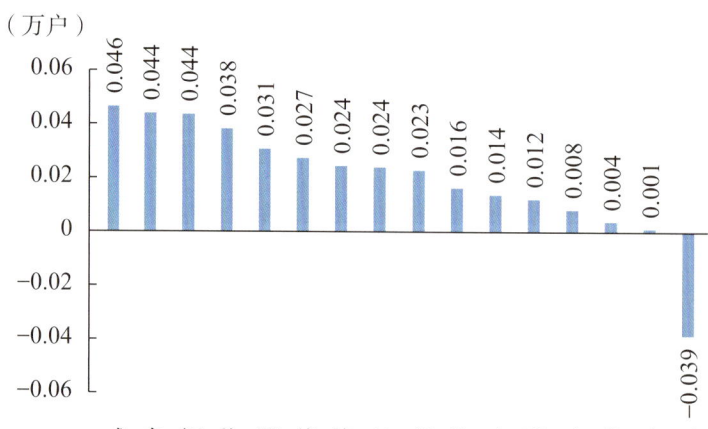

图 2-73　当年指标值与上年指标值之差

第三部分 区域综合科技创新水平分析

一、济南市

(一) 科技创新发展情况

2020年,济南市科技创新能力持续提升,科创资源加速集聚,齐鲁科创大走廊发展框架初步形成,中科院济南科创城建设加快推进,落地中科系院所14家,山东产业技术研究院转化前沿产业技术成果200多项,孵化企业99家,高新技术企业突破3000家,创建综合性国家科学中心迈出坚实步伐。济南市综合科技创新水平指数为118.16%,继续保持全省第1位,与上年相比,提高了13.01个百分点。

企业创新进一步增强。企业创新指数为112.87%,较上年提高19.99个百分点,位次跃至全省第2位,较上年提高3位。规模以上工业企业新产品销售收入占营业收入比重较上年提高5.47个百分点,保持全省第1位。每万家企业法人单位中高新技术企业数较上年增长5.21%,规模以上工业企业R&D经费支出占营业收入的比重位次提高1位,居全省第5位。

创新产出硕果累累。创新产出指数为180.98%,较上年提高18.44个百分点,继续保持全省第1位。每亿元GDP发明专利申请数、每万人发明专利拥有量均居全省第2位。每亿元GDP年登记技术合同成交额较上年增长9.79%,但增速较慢,位次跌至全省第6位。

创新环境稳步优化。创新环境指数为130.91%,较上年提高17.74个百分点,保持全省第3位。每万人互联网宽带接入用户数保持全省第1位。科学研究和技术服务业平均工资比较系数较上年提高4.68个百分点,保持全省第2位。但实际使用外资金额占GDP比重连续三年下降,需主动融入和服务国家开放大局,不断优化营商环境,进一步落实稳外资政策。

创新绩效水平仍有提升空间。创新绩效指数为83.83%,较上年提高8.40个百分点,保持全省第3位。规模以上高新技术产业产值占规模以上工业产值比重达到55.29%,居全省第3位,较上年提高4.06个百分点。科技进步带动生产效率的提升,全员劳动生产率较上年提高1.42万元/人。电子商务销售额占GDP比重、万元GDP综合能耗较上年降低率均居全省第8位,与现代化强省会战略定位差距较大,需统筹产业发展要素资源,提升产业链现代化水平,鼓励技术创新,推动产业转型升级。

研发投入水平需进一步提升。创新资源指数为92.61%,较上年下降0.14个百分点,居全省第1位。全社会研发(R&D)经费支出较上年增长17.71%,增速居全省第6位,占地区生产总值(GDP)的比重较上年提高0.23个百分点,增幅居全省第7位。地方财政科技支出占公共财政支出的比重较上年下降0.59个百分点,基础研究经费支出占R&D经费支出的比重较上年下降0.74个百分点。建议完善政府研发投入机制,加大财政科技投入力度,优化基础研究总体布局,激发创新主体活力,营造有利于基础研究发展的创新氛围。

图3-1为济南市一级评价指标与上年水平比较情况。

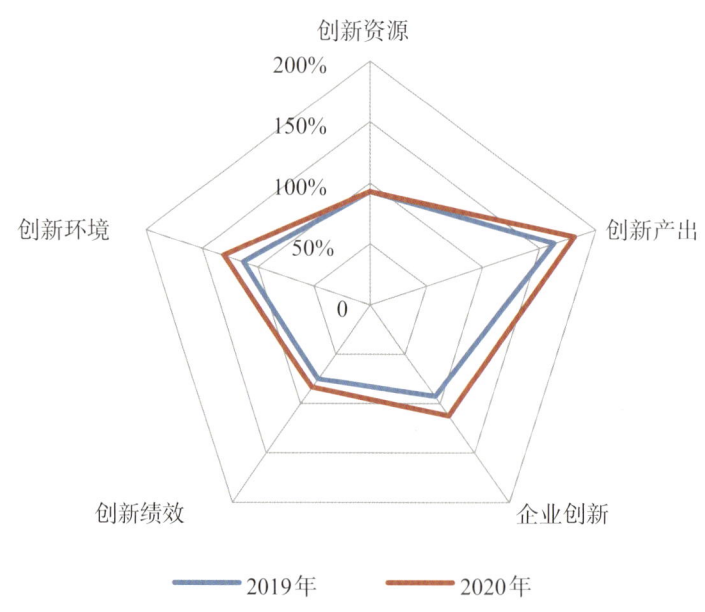

图3-1　济南市一级评价指标与上年水平比较情况

（二）创新发展主要指标分析及位次

地区生产总值 10 140.91 亿元，居全省第 2 位。全员劳动生产率为 21.63 万元/人，居全省第 3 位。万元 GDP 综合能耗较上年降低率为 7.51%，居全省第 8 位。

地区研发人员 53 677.5 人年，居全省第 2 位。每万名就业人员中研发人员数为 114.48 人年，居全省第 2 位，但增速较缓慢。规模以上工业企业 R&D 人员占规模以上工业企业从业人员比重为 8.58%，位次降至全省第 3 位。

全社会 R&D 经费支出 265.46 亿元，较上年增长 17.71%，占 GDP 比重为 2.62%，较上年提高 0.23 个百分点，位次提升至全省第 6 位。R&D 经费中基础研究经费占比为 6.95%，居全省第 1 位。地方财政科技支出占公共财政支出的比重为 3.08%，保持全省第 4 位。规模以上工业企业 R&D 经费支出占营业收入的比重为 2.00%，位次提升至全省第 5 位。

高新技术企业 3031 家，比上年增加 791 家，增量居全省第 1 位。每万家企业法人单位中高新技术企业数 90.33 家，居全省第 3 位。规模以上高新技术产业产值占规模以上工业产值比重为 55.29%，居全省第 3 位，较上年提高 4.06 个百分点。

重要科技创新平台[①] 329 家，其中省级以上重点实验室 93 家、省级创新创业共同体 9 家、省级以上技术创新中心 13 家、省级以上科技企业孵化器 35 家、省级以上众创空间 84 家、省级以上技术转移示范机构 25 家、院士工作站 65 家、省级国际科技合作基地 5 家。

每亿元 GDP 发明专利申请数为 1.96 件，较上年增加 0.25 件，居全省第 2 位。每万人发明专利拥有量为 33.18 件，较上年增加 3.93 件，居全省第 2 位。年登记技术合同成交额 337.75 亿元，较上年增长 17.90%。

---

① 重要科技创新平台包括省级以上重点实验室、省级创新创业共同体、省级以上技术创新中心、省级以上科技企业孵化器、省级以上众创空间、省级以上技术转移示范机构、院士工作站、省级国际科技合作基地，以下各市同。
院士工作站统计时间截至 2021 年 11 月底。

每万名就业人员累计孵化企业数 4.76 家，保持全省第 2 位，省级以上科技企业孵化器累计毕业企业数 2233 家，居全省第 1 位。科学研究和技术服务业平均工资比较系数为 136.54%，保持全省第 2 位。实际使用外资金额 19.25 亿美元，占 GDP 的比重为 1.31%，比上年下降 0.33 个百分点，在全省降幅最大。

表 3-1 为济南市各级指标值和位次与上年比较情况。

（三）产业发展情况

三次产业发展结构优化向好。农业基础地位更加稳固，工业生产较快恢复，实现强势引领，服务业逐步恢复，随着疫情防控形势向好，服务业降幅逐步收窄。

动能转换取得新进展，发展向新趋势更加明显。"四新"经济增加值占比超过 36%，继续保持全省领先。产业能级加快跃升，大数据与新一代信息技术、智能制造与高端装备产业规模达到 4000 亿级，精品钢与先进材料、生物医药与大健康产业达到 1500 亿级，培育形成千亿级工业企业 2 家、百亿级企业 10 家、独角兽企业 4 家，信息技术服务产业集群入选全国首批战略性新兴产业集群。

当前，工业规模仍需扩充，结构性矛盾仍然存在，消费市场仍有潜力，投资结构还需优化调整。

今后，应深入推进实施工业强市战略，打造产业集群高质量发展新高地。壮大工业规模实力，围绕大数据和新一代信息技术、智能制造和高端装备、生物医药、精品钢和先进材料等重点优势产业，充分发挥好重汽、浪潮、莱钢、齐鲁制药等大型骨干企业集聚带动效应，吸引培育一批配套型企业，形成大中小企业合理分工，产业规模化集群化，区域协调联动发展新路径，做大做强工业规模量级。

第三部分 区域综合科技创新水平分析

表 3-1 济南市各级指标值和位次与上年比较

指标名称	指标值 上年	指标值 当年	位次 上年	位次 当年
综合科技创新水平指数（%）	105.15	118.16	1	1
创新资源指数（%）	92.75	92.61	3	1
全社会研发（R&D）经费支出占地区生产总值（GDP）的比重（%）	2.39	2.62	7	6
地方财政科技支出占公共财政支出的比重（%）	3.67	3.08	4	4
每万名就业人员中研发人员数（人年）	107.00	114.48	2	2
基础研究经费支出占 R&D 经费支出的比重（%）	7.69	6.95	2	1
创新产出指数（%）	162.54	180.98	1	1
每亿元 GDP 年登记技术合同成交额（万元）	303.36	333.06	1	6
每亿元 GDP 发明专利申请数（件）	1.71	1.96	2	2
每万人发明专利拥有量（件）	29.25	33.18	2	2
企业创新指数（%）	92.88	112.87	5	2
规模以上工业企业 R&D 经费支出占营业收入的比重（%）	1.99	2.00	6	5
规模以上工业企业 R&D 人员占规模以上工业企业从业人员比重（%）	8.67	8.58	1	3
每万家企业法人单位中高新技术企业数（家）	85.86	90.33	2	3
有研发机构的规模以上工业企业占规模以上工业企业比重（%）	13.12	13.41	2	6
规模以上工业企业新产品销售收入占营业收入比重（%）	31.91	37.38	1	1
创新绩效指数（%）	75.42	83.83	3	3
规模以上高新技术产业产值占规模以上工业产值比重（%）	51.23	55.29	2	3
电子商务销售额占 GDP 比重（%）	9.71	12.71	11	8
全员劳动生产率（万元/人）	20.20	21.63	3	3
万元 GDP 综合能耗较上年降低率（%）	7.38	7.51	3	8
创新环境指数（%）	113.17	130.91	3	3
规模以上工业企业研发费用加计扣除减免税占企业研发经费的比重（%）	7.07	9.25	8	8
每万名就业人员累计孵化企业数（家）	4.76	4.76	2	2
科学研究和技术服务业平均工资比较系数（%）	131.86	136.54	2	2
实际使用外资金额占 GDP 比重（%）	1.64	1.31	4	7
每万人互联网宽带接入用户数（万户）	0.44	0.47	1	1

二、青岛市

（一）科技创新发展情况

2020年，青岛市聚焦"提升科技创新能力、培育高新技术产业、营造良好创新创业生态"三大重点，科技创新支撑引领作用不断增强。海洋科学与技术试点国家实验室、国家高速列车技术创新中心、青岛新能源山东省实验室等重大创新平台加快打造，科技型企业发展壮大，高端科技项目不断落地，产业关键技术取得突破。青岛市综合科技创新水平指数为117.13%，继续保持全省第2位，与上年相比，提高了13.06个百分点。

创新环境优势凸显。创新环境指数为154.88%，较上年提高42.87个百分点，提升幅度居全省首位，位次提升2位，居全省第2位。普惠性政策落实进一步推进，研究开发费用加计扣除减免税和高新技术企业减免税均较上年有较大增长，减免税总额居全省首位。科学研究和技术服务业平均工资比较系数、实际使用外资金额占GDP比重居全省第1位，其区位优势进一步凸显。但需关注，实际使用外资额增幅不高，占GDP比重及科学研究和技术服务业平均工资比较系数连续三年下降，需提高科技人员待遇水平，克服疫情影响，逆势扩大开放，落实稳外贸稳外资政策措施，不断优化营商环境。

创新产出增势强劲。创新产出指数为161.21%，较上年提高40.68个百分点，居全省第4位。每亿元GDP发明专利申请数、每万人发明专利拥有量稳步增长，均居全省首位。技术合同成交额较上年增长了2/3，居全省第2位，每亿元GDP年登记技术合同成交额较上年增长了近60%。

创新绩效稳步提升。创新绩效指数为100.82%，较上年提高5.83个百分点，居全省第2位。规模以上高新技术产业产值占规模以上工业产值比重较上年提高8.44个百分点，保持全省第1位。电子商务销售额占GDP比重和全员劳动生产率保持较好增势，均居全省第2位。万元GDP综合能耗较上年降低率收窄，跌至全省第12位，与青岛国家创新型城市的定位不符，建议加快淘汰落后产能，推进产业结构调整和优化升级。

创新资源优势不够突出。创新资源指数为88.34%，较上年下降6.59个百分点，位次下降1位，居全省第2位。全社会研发（R&D）经费支出占地区生产总值（GDP）的比重下降0.08个百分点，位次跌至全省第8位。地方财政科技支出占公共财政支出的比重位次下降4位，居全省第5位。应进一步完善政府研发投入机制，发挥财政资金引导作用，进一步增强青岛在全省研发投入方面的引领作用。

企业创新增长缓慢。企业创新指数为98.07%，较上年下降3.75个百分点，位次跌至全省第5位。每万家企业法人单位中高新技术企业数减少3.07家，在全省下降幅度最大。有研发机构的规模以上工业企业占规模以上工业企业比重位次下降5位，居全省第12位。规模以上工业企业R&D人员占规模以上工业企业从业人员比重下降0.44个百分点。需深入实施科技型企业梯次培育行动计划，推动有研发活动的规模以上工业企业建立研发机构，完善人才引进培育渠道，健全创新激励和保障机制，提升科技创新人才整体水平和企业创新能力。

图3-2为青岛市一级评价指标与上年水平比较情况。

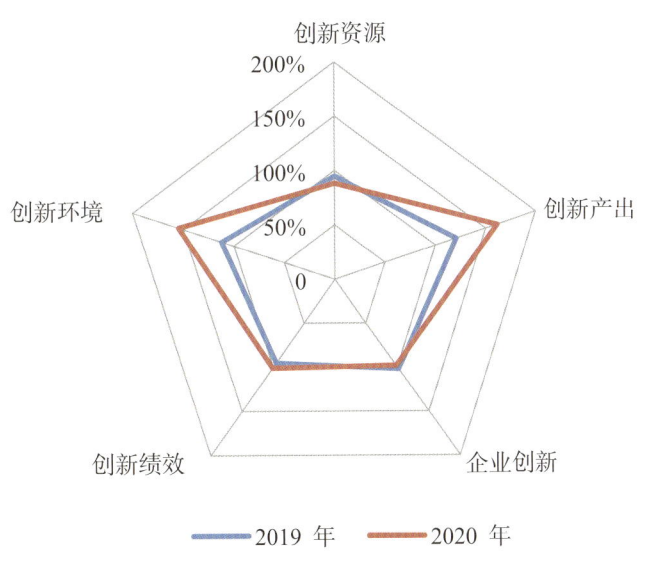

图3-2 青岛市一级评价指标与上年水平比较情况

（二）创新发展主要指标分析及位次

地区生产总值 12 400.56 亿元，居全省第 1 位。全员劳动生产率为 23.59 万元/人，居全省第 2 位。万元 GDP 综合能耗较上年降低率为 4.66%，居全省第 12 位。

地区研发人员 61 991.1 人年，居全省第 1 位。每万名就业人员中研发人员数为 117.94 人年，居全省第 1 位，但增速列全省第 14 位。规模以上工业企业 R&D 人员占规模以上工业企业从业人员比重为 7.94%，位次降至全省第 5 位，在全省降幅最大。

全社会 R&D 经费支出 300.88 亿元，较上年增长 2.12%，占 GDP 比重为 2.43%，较上年下降 0.08 个百分点，位次下降至全省第 8 位。R&D 经费中基础研究经费占比为 6.09%，居全省第 2 位。地方财政科技支出占公共财政支出的比重为 2.96%，居全省第 5 位。规模以上工业企业 R&D 经费支出占营业收入的比重为 2.02%，位次提升至全省第 4 位。

高新技术企业 4397 家，总量居全省第 1 位，比上年增加 568 家，增量居全省第 2 位。每万家企业法人单位中高新技术企业数 92.78 家，居全省第 1 位。规模以上高新技术产业产值占规模以上工业产值比重为 61.77%，居全省第 1 位，较上年提高 8.44 个百分点。

重要科技创新平台 233 家，其中省级以上重点实验室 46 家、省级创新创业共同体 4 家、省级以上技术创新中心 17 家、省级以上科技企业孵化器 24 家、省级以上众创空间 82 家、省级以上技术转移示范机构 15 家、院士工作站 40 家、省级国际科技合作基地 5 家。

每亿元 GDP 发明专利申请数为 2.04 件，较上年增加 0.20 件，居全省第 1 位。每万人发明专利拥有量为 41.03 件，较上年增加 6.66 件，增量和总量均居全省第 1 位。年登记技术合同成交额 286.64 亿元，较上年增长 68.04%。

每万名就业人员累计孵化企业数 3.27 家，保持全省第 4 位，省级以上科技企业孵化器累计毕业企业数 1719 家，居全省第 2 位。科学研究和技术服务业平均工资比较系数为 155.54%，保持全省第 1 位。实际使用外资金额 58.53 亿美元，占 GDP

的比重为 3.26%，比上年下降 0.18 个百分点，降幅居全省第 2 位。

表 3-2 为青岛市各级指标值和位次与上年比较情况。

（三）产业发展情况

三次产业结构优化升级。农业发展稳中有进，现代高效农业基础增强，工业生产基本回归常态，新产业新产品蓬勃发展，服务业生产持续复苏，服务业支柱行业发展速度加快。

重点产业加速转型。聚焦新一代信息技术、新能源新材料、医养健康等 13 个重点产业"建链、强链、补链、延链"，智能家电、轨道交通装备 2 个产业集群入围 2020 年国家先进制造业集群培育对象。10 个产业入选全省"雁阵形"产业集群，13 家企业成为全省领军企业，轨道交通装备列入首批国家高端装备制造业标准化试点。"四新"经济加快成长，新经济增加值占生产总值比重超过 32%。

当前，疫情反复，外部环境依然严峻，产业恢复程度不一，协同复工复产力度需加强，消费受抑制，复苏迟缓增长动力不足。

今后，需聚焦创新驱动，培育发展新动能，加大技术创新力度，借助信息化、人工智能等新技术，加快改造传统制造业，推动传统产业向高端化、智能化方向转型发展。培育壮大新经济，加快推进"十强"产业、13 个产业和新经济发展，做大做强新一代信息技术、高端智能家电、轨道交通装备、智能制造装备、船舶海工装备等"青岛制造"未来迈向中高端的重点产业，实现产业结构迭代升级。

表 3-2 青岛市各级指标值和位次与上年比较

指标名称	指标值 上年	指标值 当年	位次 上年	位次 当年
综合科技创新水平指数（%）	104.07	117.13	2	2
创新资源指数（%）	94.93	88.34	1	2
全社会研发（R&D）经费支出占地区生产总值（GDP）的比重（%）	2.51	2.43	4	8
地方财政科技支出占公共财政支出的比重（%）	4.24	2.96	1	5
每万名就业人员中研发人员数（人年）	113.49	117.94	1	1
基础研究经费支出占 R&D 经费支出的比重（%）	6.47	6.09	3	2
创新产出指数（%）	120.53	161.21	3	4
每亿元 GDP 年登记技术合同成交额（万元）	145.28	231.15	9	11
每亿元 GDP 发明专利申请数（件）	1.84	2.04	1	1
每万人发明专利拥有量（件）	34.37	41.03	1	1
企业创新指数（%）	101.82	98.07	1	5
规模以上工业企业 R&D 经费支出占营业收入的比重（%）	2.19	2.02	5	4
规模以上工业企业 R&D 人员占规模以上工业企业从业人员比重（%）	8.37	7.94	2	5
每万家企业法人单位中高新技术企业数（家）	95.86	92.78	1	1
有研发机构的规模以上工业企业占规模以上工业企业比重（%）	10.15	10.01	7	12
规模以上工业企业新产品销售收入占营业收入比重（%）	23.14	25.45	4	5
创新绩效指数（%）	94.99	100.82	1	2
规模以上高新技术产业产值占规模以上工业产值比重（%）	53.33	61.77	1	1
电子商务销售额占 GDP 比重（%）	32.39	35.25	2	2
全员劳动生产率（万元/人）	22.43	23.59	2	2
万元 GDP 综合能耗较上年降低率（%）	6.60	4.66	5	12
创新环境指数（%）	112.00	154.88	4	2
规模以上工业企业研发费用加计扣除减免税占企业研发经费的比重(%)	6.23	12.23	9	4
每万名就业人员累计孵化企业数（家）	3.45	3.27	4	4
科学研究和技术服务业平均工资比较系数（%）	164.73	155.54	1	1
实际使用外资金额占 GDP 比重（%）	3.43	3.26	1	1
每万人互联网宽带接入用户数（万户）	0.40	0.41	3	4

三、淄博市

（一）科技创新发展情况

2020年，淄博市深入贯彻落实新发展理念，锚定争创国家创新型城市目标，着力强优势、补短板，全社会创新创业活力和能力稳步提升。持续推进科技企业梯次培育，科技型中小企业备案达到900家，推动淄博产业技术研究院挂牌成立并运营，组建打造重点产业技术创新联盟12家，聚集企业及科研机构超过200家，氢燃料电池质子交换膜等重大创新成果实现量产。淄博市综合科技创新水平指数为103.63%，继续保持全省第3位，与上年相比，提高10.85个百分点。

创新产出量质齐升。创新产出指数为179.70%，较上年提高54.04个百分点，保持全省第2位。技术合同成交额增长了50.90%，每亿元GDP年登记技术合同成交额保持全省第2位，较上年增长49.62%。每万人发明专利拥有量较上年增长10.25%，保持全省第3位。发明专利申请数超过5000件，较上年增长52.31%；每亿元GDP发明专利申请数较上年增长51.02%，位次提高2位，居全省第3位。

企业创新能力不断增强。企业创新指数为97.99%，较上年提高5.69个百分点，保持全省第6位。规模以上工业企业R&D经费支出占营业收入的比重位次提高1位，居全省第6位。每万家企业法人单位中高新技术企业数较上年增长14.91%，保持全省第5位。规模以上工业企业新产品销售收入占营业收入比重较上年提高5.14个百分点，保持全省第10位。有研发机构的规模以上工业企业占规模以上工业企业比重较上年提高0.33个百分点，增速减缓，位次由全省第1位跌至第4位。规模以上工业企业R&D经费支出和企业研发人员均下降，需重视企业研发活动，加大企业研发投入力度，提高企业自主创新能力。

创新环境持续优化。创新环境指数为123.75%，较上年提高14.26个百分点，位次提升1位，居全省第4位。每万名就业人员累计孵化企业数较上年增长14.13%，位次提升2位，居全省第8位。每万人互联网宽带接入用户数、科学研究和技术服务业平均工资比较系数和实际使用外资金额占GDP比重分别居全省第7

位、第 8 位和第 13 位。应进一步优化创新环境，积极营造创新创业氛围，以适应国家创新型城市建设的需求。

研发投入水平有待进一步提升。创新资源指数为 66.78%，较上年下降 3.42 个百分点，位次保持全省第 4 位。全社会研发（R&D）经费支出下降 3.12%，全社会研发（R&D）经费支出占地区生产总值（GDP）的比重较上年下降 0.11 个百分点，位次下降 4 位。地方财政科技支出占公共财政支出的比重较上年下降 1.07 个百分点，位次下降 1 位，居全省第 8 位。建议完善政府研发投入机制，加大财政科技投入力度，进一步引导全社会加大研发投入，充分激发企业、高校、科研院所等创新主体和社会力量创新投入的积极性。

创新绩效亟待提高。创新绩效指数为 63.24%，较上年下降 9.75 个百分点，下降 5 个位次，居全省第 11 位。万元 GDP 综合能耗较上年降低率收窄，较上年下降 4.66 个百分点，位次降至全省末位。电子商务销售额占 GDP 比重较上年下降 5.99 个百分点。需挖掘潜力，坚持工业领域的结构调整和化解过剩产能，同时加大电子商务与传统产业、优势产业相融合，助推电子商务多元化联动发展。

图 3-3 为淄博市一级评价指标与上年水平比较情况。

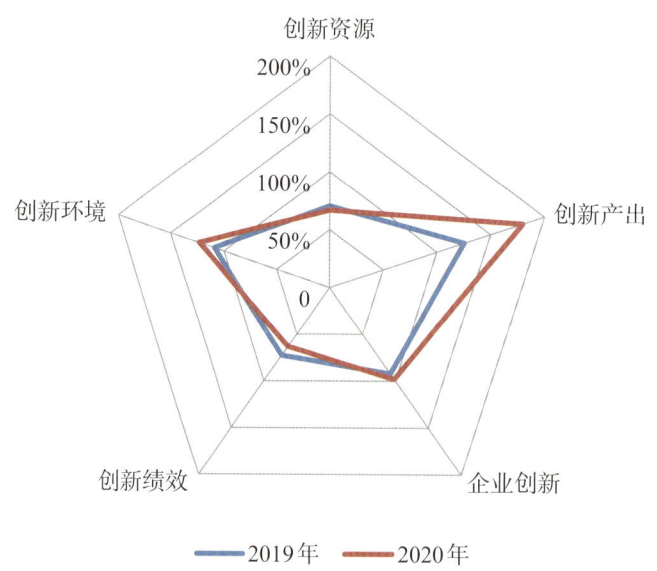

图 3-3　淄博市一级评价指标与上年水平比较情况

（二）创新发展主要指标分析及位次

地区生产总值3673.54亿元，居全省第7位。全员劳动生产率为16.20万元/人，居全省第6位。万元GDP综合能耗较上年降低率为1.17%，居全省第16位。

地区研发人员22 284.9人年，居全省第5位。每万名就业人员中研发人员数为98.26人年，居全省第3位。规模以上工业企业R&D人员占规模以上工业企业从业人员比重为8.14%，位次降至全省第4位。

全社会R&D经费支出102.64亿元，较上年下降3.12%，占GDP比重为2.79%，较上年下降0.11个百分点，位次下降至全省第5位。R&D经费中基础研究经费占比为1.56%，居全省第6位。地方财政科技支出占公共财政支出的比重2.01%，居全省第8位。规模以上工业企业R&D经费支出占营业收入的比重为1.88%，位次居全省第6位。

高新技术企业703家，较上年增加191家，增量居全省第6位。每万家企业法人单位中高新技术企业数59.02家，居全省第5位。规模以上高新技术产业产值占规模以上工业产值比重为42.53%，居全省第8位，较上年提高6.53个百分点。

重要科技创新平台71家，其中省级以上重点实验室10家、省级创新创业共同体1家、省级以上技术创新中心1家、省级以上科技企业孵化器7家、省级以上众创空间17家、省级以上技术转移示范机构6家、院士工作站28家、省级国际科技合作基地1家。

每亿元GDP发明专利申请数为1.39件，较上年增加0.47件，居全省第3位。每万人发明专利拥有量为14.69件，较上年增加1.37件，居全省第3位。年登记技术合同成交额160.65亿元，较上年增长50.90%。

每万名就业人员累计孵化企业数1.59家，位次提升至全省第8位，省级以上科技企业孵化器累计毕业企业数360家，居全省第10位。科学研究和技术服务业平均工资比较系数为92.58%，保持全省第8位。实际使用外资金额3.78亿美元，占GDP的比重为0.71%，比上年提高0.28个百分点。

表3-3为淄博市各级指标值和位次与上年比较情况。

（三）产业发展情况

淄博市三次产业结构由上年的 4.1∶49.9∶46.0 调整为 4.3∶48.4∶47.3。农业生产基础稳固，粮食生产再获丰收，工业经济稳步向好，企业景气状况较好，服务业加快回升，26 个大类行业中有 12 个行业营业收入实现同比增长。

产业转型升级加力加速，动能转换后劲增强。"四新"产业增势较快，增加值增长 13.2%，高于规模以上工业 9.6 个百分点。一批重大项目的引进落地为经济高质量发展奠定了坚实基础，总投资 791 亿元的 50 个重点项目列入高端化工项目库，数量列全省首位。绘制形成氟硅材料、集成电路、新能源汽车等 19 个产业链图谱，推动 130 余项产业链项目建设。成功举办新经济发展大会，加快布局建设 5G、量子通信、人工智能、工业互联网等新基建，努力打造国内重要的新经济策源地和活跃区。

当前，工业转型升级压力仍然较重，传统产业在基础工艺、基础材料、基础零部件等方面的先进技术积累不足、人才储备不足，技术改造、动能转换能力不足。

今后，需深入推进创新驱动发展战略，积极融入创新型省份建设，加大科技型企业支持力度，落实好各项普惠性政策，建立创新型领军企业培育库，实施科技型企业"小升高""高升规"计划，不断壮大科技型中小企业主体规模。积极融入省会经济圈一体化发展战略，着力加大与中科院有关院所，清华大学、北京航空航天大学、山东大学等高校院所的交流合作力度。拓展高层次人才引才渠道，发挥优势产业的吸附效应，吸引更多高层次人才和团队创新创业。

表 3-3 淄博市各级指标值和位次与上年比较

指标名称	指标值 上年	指标值 当年	位次 上年	位次 当年
综合科技创新水平指数（%）	92.77	103.63	3	3
创新资源指数（%）	70.20	66.78	4	4
全社会研发（R&D）经费支出占地区生产总值（GDP）的比重（%）	2.91	2.79	1	5
地方财政科技支出占公共财政支出的比重（%）	3.08	2.01	7	8
每万名就业人员中研发人员数（人年）	96.58	98.26	3	3
基础研究经费支出占 R&D 经费支出的比重（%）	1.38	1.56	7	6
创新产出指数（%）	125.65	179.70	2	2
每亿元 GDP 年登记技术合同成交额（万元）	292.28	437.32	2	2
每亿元 GDP 发明专利申请数（件）	0.92	1.39	5	3
每万人发明专利拥有量（件）	13.32	14.69	3	3
企业创新指数（%）	92.31	97.99	6	6
规模以上工业企业 R&D 经费支出占营业收入的比重（%）	1.68	1.88	7	6
规模以上工业企业 R&D 人员占规模以上工业企业从业人员比重（%）	8.26	8.14	3	4
每万家企业法人单位中高新技术企业数（家）	51.37	59.02	5	5
有研发机构的规模以上工业企业占规模以上工业企业比重（%）	17.93	18.25	1	4
规模以上工业企业新产品销售收入占营业收入比重（%）	16.12	21.27	10	10
创新绩效指数（%）	72.98	63.24	6	11
规模以上高新技术产业产值占规模以上工业产值比重（%）	36.00	42.53	11	8
电子商务销售额占 GDP 比重（%）	29.03	23.04	3	4
全员劳动生产率（万元/人）	15.73	16.20	6	6
万元 GDP 综合能耗较上年降低率（%）	5.83	1.17	6	16
创新环境指数（%）	109.50	123.75	5	4
规模以上工业企业研发费用加计扣除减免税占企业研发经费的比重(%)	10.31	11.85	2	5
每万名就业人员累计孵化企业数（家）	1.39	1.59	10	8
科学研究和技术服务业平均工资比较系数（%）	91.12	92.58	8	8
实际使用外资金额占 GDP 比重（%）	0.43	0.71	13	13
每万人互联网宽带接入用户数（万户）	0.33	0.33	7	7

四、枣庄市

（一）科技创新发展情况

2020年，枣庄市深入实施创新驱动发展战略，加快深化科技体制改革，以"创新引领乡村可持续发展"为主题，成功创建枣庄市国家可持续发展议程创新示范区。制定《关于进一步加强财政科研项目资金管理的若干措施》《关于深化科技体制改革推进科技创新管理职能转变的实施意见》等改革文件，激发广大科研人员和各大创新主体创新活力。加速科技成果转化进程，牵头联合成立鲁南科创联盟，吸收省内外高校院所、企业及中介服务机构等会员单位205家，签约合作项目50个。枣庄市综合科技创新水平指数为77.53%，较上年提高23.51个百分点，位次提高1位，居全省第12位。

创新产出强势增长。创新产出指数为178.87%，较上年提高114.57个百分点，位次上升至全省第3位。每亿元GDP年登记技术合同成交额较上年增长218.96%，位次跃升至全省第1位。每万人发明专利拥有量较上年增长82.45%，位次提高1位，居全省第10位。每亿元GDP发明专利申请数较上年增长17.57%，居全省第5位。

创新绩效稳步提升。创新绩效指数为46.65%，较上年提高8.43个百分点，居全省第14位。万元GDP综合能耗较上年降低率提高3个位次，居全省第11位，规模以上高新技术产业产值占规模以上工业产值比重较上年提高1.46个百分点，全员劳动生产率较上年提高0.38万元/人。

创新环境持续改善。创新环境指数为81.82%，较上年提高19.88个百分点，位次上升至全省第13位。研发费用加计扣除减免税和高新技术企业减免税较上年有较大增长，普惠性政策落实成效明显。实际使用外资金额占GDP比重较上年提高0.62个百分点，居全省第10位。科学研究和技术服务业平均工资比较系数较上年提高12.82个百分点，位次下降2位。需进一步优化创新环境，提高科研人员工资待遇，吸引高层次人才来枣工作，提高本市科技创新实力。

创新资源有待强化。创新资源指数为30.02%，较上年下降1.58个百分点，位次下降 2 位，居全省第 15 位。全社会研发（R&D）经费支出及占地区生产总值（GDP）的比重均下降。地方财政科技支出占公共财政支出的比重较上年下降 0.42 个百分点，位次下降 2 位。政府部门应进一步加大财政科技投入，完善创新政策体系建设，加大产学研合作的力度，激发企业开展研发活动的积极性，提高企业自主创新能力。

企业创新水平不高。企业创新指数为 65.04%，较上年下降 6.38 个百分点，下降 7 个位次，居全省第 14 位。规模以上工业企业 R&D 经费支出占营业收入的比重较上年下降 0.45 个百分点，位次下降 4 位。规模以上工业企业 R&D 人员占规模以上工业企业从业人员比重较上年提高 1.18 个百分点，位次下降 4 位。需深化科技体制改革，破解制约企业创新的体制机制障碍，强化企业创新主体地位，培育产学研结合、上中下游衔接、大中小企业协同的良好创新格局。

图 3-4 为枣庄市一级评价指标与上年水平比较情况。

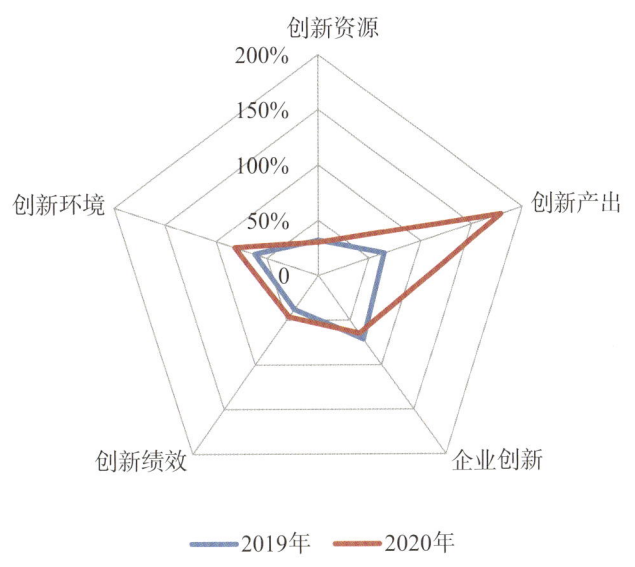

图 3-4　枣庄市一级评价指标与上年水平比较情况

（二）创新发展主要指标分析及位次

地区生产总值1733.25亿元，居全省第16位。全员劳动生产率为8.79万元/人，居全省第13位。万元GDP综合能耗较上年降低率为4.75%，居全省第11位。

地区研发人员6070.5人年，居全省第15位。每万名就业人员中研发人员数为30.78人年，居全省第14位。规模以上工业企业R&D人员占规模以上工业企业从业人员比重为5.56%，位次降至全省第14位。

全社会R&D经费支出25.63亿元，较上年下降16.45%，占地区生产总值（GDP）的比重为1.48%，较上年下降0.33个百分点，位次下降至全省第15位。R&D经费中基础研究经费占比为0.97%，居全省第11位。地方财政科技支出占公共财政支出的比重0.97%，位次下降至全省第13位。规模以上工业企业R&D经费支出占营业收入的比重为1.82%，位次下降至全省第8位。

高新技术企业225家，居全省第15位，比上年增加55家。每万家企业法人单位中高新技术企业数33.08家，居全省第13位。规模以上高新技术产业产值占规模以上工业产值比重为39.14%，居全省第13位，较上年提高1.46个百分点。

重要科技创新平台40家，其中省级以上重点实验室1家、省级创新创业共同体1家、省级以上科技企业孵化器5家、省级以上众创空间8家、院士工作站25家。

每亿元GDP发明专利申请数为1.12件，较上年增加0.17件，居全省第5位。每万人发明专利拥有量为6.29件，较上年增加2.84件，居全省第10位。年登记技术合同成交额83.91亿元，较上年增长226.37%。

每万名就业人员累计孵化企业数0.87家，位次提高至全省第11位，省级以上科技企业孵化器累计毕业企业数171家，居全省第14位。科学研究和技术服务业平均工资比较系数为83.09%，位次下降至全省第14位。实际使用外资金额3.05亿美元，占GDP的比重为1.21%，比上年提高0.62个百分点。

表3-4为枣庄市各级指标值和位次与上年比较情况。

（三）产业发展情况

产业结构更趋优化，农业生产稳定，粮食总产创"十三五"新高，工业稳步回升，全市工业经济总体保持恢复态势，但仍呈现低速运行状态，服务业发展较快，服务业增加值占 GDP 比重达到 49.8%。

新旧动能加速转换，加快培育壮大新动能，"四新"经济增加值占比达到 26.9%。"十强"产业中，新一代信息技术制造业、现代高效农业、高端装备等增加值分别增长 29.5%、16.6%、8.5%。出口产品优化，机电高新技术产品进出口增长较快。全年新开工过亿元项目 296 个，正威华能新材料、航天新能源产业园、青岛啤酒产业园、淮海数字智谷等一批重大项目落地建设。大力开展千项技改、千企提质"双千"工程，全年累计入库项目 716 个、总投资 814.5 亿元，其中亿元以上项目 226 个，为传统产业涅槃重生积蓄了充足后劲。

当前，产业结构偏重，科技创新能力还不能完全适应高质量发展要求，新兴产业尚未形成规模，传统资源型产业产值占规模以上工业增加值的比重超过 65%。

今后，深入实施"工业强市、产业兴市"战略，在重塑产业优势上加快突破。围绕"建链补链延链强链"全面推行链长制，坚持一二三产业一起抓、存量与增量一起抓、龙头企业与配套企业一起抓、产业项目与创新平台一起抓，促进更多企业进"链"入"群"。大力培育高端装备、高端化工、新材料、新能源、新医药、新一代信息技术六大先进制造业和高质高效农业、新型商贸物流业、特色文旅康养业为主体的"6+3"现代产业体系。持续深入实施"千项技改、千企提质"工程，加大政策支持力度，推动传统产业高端化、绿色化、智能化转型。

表 3-4 枣庄市各级指标值和位次与上年比较

指标名称	指标值 上年	指标值 当年	位次 上年	位次 当年
综合科技创新水平指数（%）	54.02	77.53	13	12
创新资源指数（%）	31.61	30.02	13	15
全社会研发（R&D）经费支出占地区生产总值（GDP）的比重（%）	1.81	1.48	12	15
地方财政科技支出占公共财政支出的比重（%）	1.39	0.97	11	13
每万名就业人员中研发人员数（人年）	25.16	30.78	13	14
基础研究经费支出占 R&D 经费支出的比重（%）	0.38	0.97	13	11
创新产出指数（%）	64.30	178.87	11	3
每亿元 GDP 年登记技术合同成交额（万元）	151.78	484.12	8	1
每亿元 GDP 发明专利申请数（件）	0.95	1.12	4	5
每万人发明专利拥有量（件）	3.45	6.29	11	10
企业创新指数（%）	71.42	65.04	7	14
规模以上工业企业 R&D 经费支出占营业收入的比重（%）	2.27	1.82	4	8
规模以上工业企业 R&D 人员占规模以上工业企业从业人员比重（%）	4.37	5.56	10	14
每万家企业法人单位中高新技术企业数（家）	33.20	33.08	13	13
有研发机构的规模以上工业企业占规模以上工业企业比重（%）	9.44	7.98	11	13
规模以上工业企业新产品销售收入占营业收入比重（%）	12.05	13.21	12	12
创新绩效指数（%）	38.22	46.65	14	14
规模以上高新技术产业产值占规模以上工业产值比重（%）	37.68	39.14	9	13
电子商务销售额占 GDP 比重（%）	3.67	3.63	15	15
全员劳动生产率（万元/人）	8.41	8.79	13	13
万元 GDP 综合能耗较上年降低率（%）	2.43	4.75	14	11
创新环境指数（%）	61.95	81.82	15	13
规模以上工业企业研发费用加计扣除减免税占企业研发经费的比重（%）	4.34	6.34	12	11
每万名就业人员累计孵化企业数（家）	0.90	0.87	13	11
科学研究和技术服务业平均工资比较系数（%）	70.27	83.09	12	14
实际使用外资金额占 GDP 比重（%）	0.59	1.21	10	10
每万人互联网宽带接入用户数（万户）	0.31	0.32	8	9

五、东营市

（一）科技创新发展情况

2020年，东营市紧紧围绕新时代高质量发展的目标定位，抢抓黄河流域生态保护和高质量发展重大国家战略机遇，科技支撑经济社会发展作用进一步显现。高能级创新平台建设取得新突破，胜利油田勘探开发研究院成功创建为省级重点实验室，围绕新材料产业，建设国内唯一的国家级稀土催化研究院，打造具有国际竞争力的稀土催化材料产业园。东营市综合科技创新水平指数为88.72%，较上年提高7.58个百分点，位次下降1位，居全省第6位。

创新绩效成效显著。创新绩效指数为103.91%，较上年提高12.04个百分点，位次上升1位，居全省首位。全员劳动生产率连续5年保持全省首位，电子商务销售额占GDP比重保持全省第1位，万元GDP综合能耗较上年降低率由上年的第11位上升至第7位。东营市在提升创新绩效水平方面，连续2年走在了全省前列，在传统产业转型升级方面成效明显，有力推动了本市国家创新型城市建设工作的开展。

创新环境优化改善。创新环境指数为119.27%，较上年提高29.15个百分点，上升3个位次，居全省第6位。研发费用加计扣除减免税及高新技术企业减免税增长较快，普惠性政策落实有力。每万名就业人员累计孵化企业数保持全省首位，每万人互联网宽带接入用户数保持全省前列。科研人员平均工资水平略有下降，吸引外资力度不够强，应重点关注。

创新产出保持增长。创新产出指数为120.91%，较上年提高35.73个百分点，下降4个位次，居全省第9位。每亿元GDP年登记技术合同成交额较上年增长43.57%，但是增速相对较慢，排名由上年的第4位下降至第8位。每万人发明专利拥有量提升2个位次，居全省第4位。

创新资源水平有待提高。创新资源指数为60.43%，较上年下降32.79个百分点，居全省第7位，下降5个位次，是五个一级指标中降幅最大的指标。基础研究经费支出占 R&D 经费支出的比重下滑 6 个位次,下降幅度明显,全社会 R&D 经费支出较上年增长 10.79%,占地区生产总值(GDP)的比重达 2.54%,居全省第 7 位。应当持续提高研发投入尤其是基础研究经费投入,鼓励企业、高校、科研院所的基础研究活动和原始创新活动,提高综合创新能力。

企业创新能力提升缓慢。企业创新指数为 57.73%,较上年提高 2.44 个百分点,居全省第 15 位,位次下降 2 位,是一级指标中位次较落后的指标。有研发机构的规模以上工业企业占规模以上工业企业比重由上年的第 5 位降至第 8 位,规模以上工业企业 R&D 经费支出占营业收入的比重和规模以上工业企业 R&D 人员占规模以上工业企业从业人员比重均列全省第 15 位,规模以上工业企业新产品销售收入占营业收入比重列全省第 14 位,排名靠后,与国家创新型城市定位不符。应全面提升企业创新能力,推动企业研发机构量质齐升,发挥大型骨干企业创新示范作用,充分调动起企业创新创业的积极性。

图 3-5 为东营市一级评价指标与上年水平比较情况。

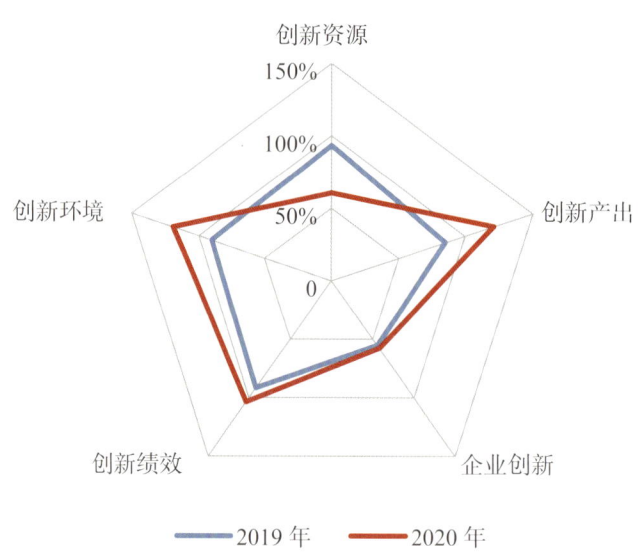

图 3-5　东营市一级评价指标与上年水平比较

第三部分 区域综合科技创新水平分析

（二）创新发展主要指标分析及位次

地区生产总值2981.19亿元，居全省第11位。全员劳动生产率为24.05万元/人，居全省第1位。万元GDP综合能耗较上年降低率为7.77%，居全省第7位。

地区研发人员10 760.0人年，居全省第13位。每万名就业人员中研发人员数为86.80人年，居全省第4位，较上年提升1位。规模以上工业企业R&D人员占规模以上工业企业从业人员比重为4.33%，位次降至全省第15位。

全社会R&D经费支出75.76亿元，较上年增长10.79%，占GDP比重为2.54%，较上年提高0.20个百分点，位次提升至全省第7位。基础研究经费支出占R&D经费支出的比重为1.44%，较上年下降13.23个百分点，从全省第1位下降至第7位。地方财政科技支出占公共财政支出的比重1.87%，保持全省第10位。规模以上工业企业R&D经费支出占营业收入的比重为0.92%，位次保持在全省第15位。

高新技术企业332家，居全省第11位，比上年增加69家。每万家企业法人单位中高新技术企业数59.83家，居全省第4位。规模以上高新技术产业产值占规模以上工业产值比重为34.21%，居全省第15位，较上年提高2.09个百分点。

重要科技创新平台71家，其中省级以上重点实验室6家、省级创新创业共同体2家、省级以上技术创新中心3家、省级以上科技企业孵化器11家、省级以上众创空间21家、院士工作站28家。

每亿元GDP发明专利申请数为0.75件，较上年增加0.18件，居全省第11位。每万人发明专利拥有量为13.84件，较上年增加3.92件，居全省第4位。年登记技术合同成交额83.51亿元，较上年增长46.77%。

每万名就业人员累计孵化企业数11.08家，保持全省第1位，省级以上科技企业孵化器累计毕业企业数1373家，居全省第3位。科学研究和技术服务业平均工资比较系数为94.64%，居全省第6位。实际使用外资金额4.45亿美元，占GDP的比重为1.03%，比上年提高0.45个百分点。

表3-5为东营市各级指标值和位次与上年比较情况。

（三）产业发展情况

三次产业总体平稳。农业生产稳定增长，林牧渔业快速发展，工业生产持续加快，建筑业生产实现转正，服务业持续恢复，新兴服务业增势强劲，三次产业结构调整为 5.3∶56.3∶38.4。

动能转换提质加速。新产业培育壮大，新能源新材料产业、高端化工产业、高端装备产业增加值分别比上年增长 27.0%、12.1%、9.4%。高技术制造业增加值增长 47.1%，占规模以上工业增加值的 3.7%，比上年提高 1.5 个百分点。"四新"经济投资占比 45.0%，比上年提高 4.4 个百分点。

当前，新冠肺炎疫情和外部环境存在诸多不确定性，稳定经济增长、加快新旧动能转换的压力依然较大，财政收支矛盾较为突出。

今后，应立足加快新旧动能转换，围绕省"十强"产业、市"5+2+2"产业、"四新经济"发展和"两新一重"建设，谋划一批高端、高质、高效项目，形成投产一批、建设一批、规划和储备一批的良性循环，优化创新生态，增强创新驱动能力，建强创新型园区，加快推进东营高新区创建国家级高新区。培育创新型企业，继续实施高成长型企业培育计划、高新技术企业培育行动。

第三部分 区域综合科技创新水平分析

表3-5 东营市各级指标值和位次与上年比较

指标名称	指标值 上年	指标值 当年	位次 上年	位次 当年
综合科技创新水平指数（%）	81.15	88.72	5	6
创新资源指数（%）	93.22	60.43	2	7
全社会研发（R&D）经费支出占地区生产总值（GDP）的比重（%）	2.34	2.54	8	7
地方财政科技支出占公共财政支出的比重（%）	1.88	1.87	10	10
每万名就业人员中研发人员数（人年）	65.38	86.80	5	4
基础研究经费支出占R&D经费支出的比重（%）	14.67	1.44	1	7
创新产出指数（%）	85.18	120.91	5	9
每亿元GDP年登记技术合同成交额（万元）	195.12	280.12	4	8
每亿元GDP发明专利申请数（件）	0.58	0.75	11	11
每万人发明专利拥有量（件）	9.92	13.84	6	4
企业创新指数（%）	55.29	57.73	13	15
规模以上工业企业R&D经费支出占营业收入的比重（%）	0.77	0.92	15	15
规模以上工业企业R&D人员占规模以上工业企业从业人员比重（%）	3.45	4.33	14	15
每万家企业法人单位中高新技术企业数（家）	60.39	59.83	4	4
有研发机构的规模以上工业企业占规模以上工业企业比重（%）	12.08	11.95	5	8
规模以上工业企业新产品销售收入占营业收入比重（%）	6.88	7.88	15	14
创新绩效指数（%）	91.87	103.91	2	1
规模以上高新技术产业产值占规模以上工业产值比重（%）	32.12	34.21	13	15
电子商务销售额占GDP比重（%）	49.37	48.21	1	1
全员劳动生产率（万元/人）	23.50	24.05	1	1
万元GDP综合能耗较上年降低率（%）	3.73	7.77	11	7
创新环境指数（%）	90.12	119.27	9	6
规模以上工业企业研发费用加计扣除减免税占企业研发经费的比重（%）	2.58	5.92	16	13
每万名就业人员累计孵化企业数（家）	10.35	11.08	1	1
科学研究和技术服务业平均工资比较系数（%）	105.41	94.64	4	6
实际使用外资金额占GDP比重（%）	0.58	1.03	12	11
每万人互联网宽带接入用户数（万户）	0.41	0.41	2	3

六、烟台市

（一）科技创新发展情况

2020年，烟台市持续实施"市级重大创新工程"，提升传统动能，推动优势产业集群化发展，先进结构材料、生物医药两大国家级战略性新兴产业集群不断做强，省级"雁阵形"产业集群总数达到7个，"烟台苹果"入选全国优势特色产业集群，烟台先进材料与绿色制造山东省实验室揭牌，中科院药物创新研究院环渤海药物高等研究院落地，山东苹果·果业产业技术研究院成立运营，国家创新型城市建设成绩突出，科技赋能经济社会高质量发展效果明显。烟台市综合科技创新水平指数95.24%，较上年提高15个百分点，位次上升1位，居全省第5位。

创新环境持续向好。创新环境指数高达169.18%，较上年提高19.79个百分点，保持全省首位。实际使用外资金额占GDP比重保持全省第3位，科学研究和技术服务业平均工资比较系数位次上升3位，居全省第4位，每万名就业人员累计孵化企业数提升2个位次，每万人互联网宽带接入用户数提升1个位次。

创新资源加速聚集。创新资源指数为64.10%，较上年提高6.86个百分点，位次上升3位，居全省第5位。全社会研发（R&D）经费支出占地区生产总值（GDP）的比重比上年提高0.18个百分点，位次上升1位，地方财政科技支出较上年略有增长，地方财政科技支出占公共财政支出的比重保持全省第2位。研发经费投入虽然有所提升，但相比烟台市的经济总量，还有较大的上升空间，应进一步优化创新资源配置，提升国家创新型城市建设水平。

企业创新能力稳步提升。企业创新指数为84.17%，较上年提高15.81个百分点，位次下降1位，居全省第9位。高新技术企业数量突破1000家，有研发机构的规模以上工业企业占规模以上工业企业比重较上年提高4.22个百分点，位次上升7位，居全省第5位。规模以上工业企业R&D人员占规模以上工业企业从业人员比重提升2个位次。

创新绩效略有增长。创新绩效指数为77.79%，较上年提高4.60个百分点，位次下降1位，居全省第6位。全员劳动生产率提高0.39万元/人，居全省第4位；规模以上高新技术产业产值占规模以上工业产值比重和电子商务销售额占GDP比重均提升1个位次，万元GDP综合能耗较上年降低率收窄，居全省第14位，与国家创新型城市定位不符，应加大高耗能产业改造力度，大力推动节能降耗，走绿色、低碳的产业发展道路。

创新产出效率有待提高。创新产出指数为99.50%，较上年提高30.18个百分点，但排名下降4个位次，居全省第11位。每亿元GDP年登记技术合同成交额下降2个位次，居全省第12位，处于全省中等偏下位置，每万人发明专利拥有量位次下降1位。应继续加大科技成果转化力度，利用好创新环境优势，进一步盘活技术要素市场。

图3-6为烟台市一级评价指标与上年水平比较情况。

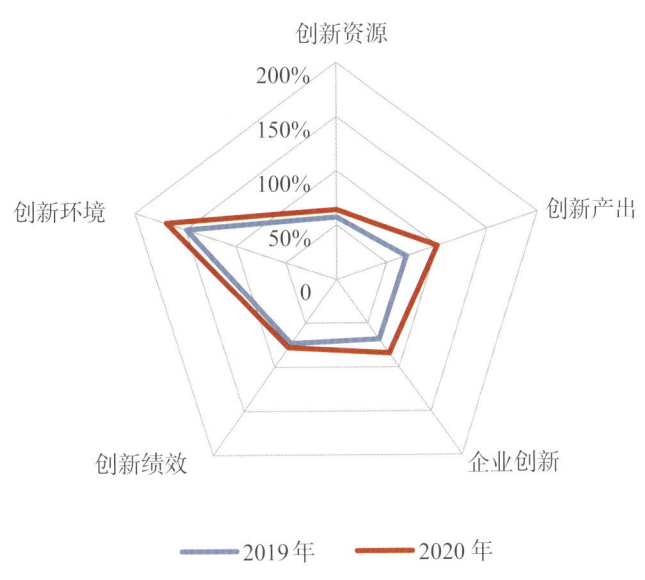

图3-6 烟台市一级评价指标与上年水平比较

（二）创新发展主要指标分析及位次

地区生产总值7816.42亿元，居全省第3位。全员劳动生产率为18.22万元/人，居全省第4位。万元GDP综合能耗较上年降低率为3.11%，居全省第14位。

地区研发人员32 860.7人年，居全省第3位，较上年增长12 099.7人年，增量居全省首位。每万名就业人员中研发人员数为76.59人年，居全省第7位，排名保持不变。规模以上工业企业R&D人员占规模以上工业企业从业人员比重为7.89%，位次上升至全省第6位。

全社会R&D经费支出143.53亿元，较上年增长13.36%，占GDP比重为1.84%，较上年提高0.18个百分点，位次提升至全省第13位。基础研究经费支出占R&D经费支出的比重为1.90%，居全省第5位。地方财政科技支出占公共财政支出的比重3.54%，保持全省第2位。规模以上工业企业R&D经费支出占营业收入的比重为1.42%，位次下降至全省第11位。

高新技术企业1120家，比上年增加297家，总量和增量均居全省第3位。每万家企业法人单位中高新技术企业数55.55家，居全省第6位。规模以上高新技术产业产值占规模以上工业产值比重为54.77%，居全省第4位，较上年提高6.51个百分点。

重要科技创新平台104家，其中省级以上重点实验室23家、省级创新创业共同体3家、省级以上技术创新中心8家、省级以上科技企业孵化器23家、省级以上众创空间15家、省级以上技术转移示范机构3家、院士工作站24家、省级国际科技合作基地5家。

每亿元GDP发明专利申请数为0.82件，较上年增加0.22件，居全省第7位。每万人发明专利拥有量为12.03件，较上年增加1.92件，居全省第6位。年登记技术合同成交额173.09亿元，较上年增长56.01%。

每万名就业人员累计孵化企业数3.08家，排名全省第5位，省级以上科技企业孵化器累计毕业企业数1322家，居全省第4位。科学研究和技术服务业平均工资比较系数为115.22%，上升至全省第4位。实际使用外资金额22.83亿美元，占

GDP 比重为 2.01%，比上年提升 0.27 个百分点。

表 3-6 为烟台市各级指标值和位次与上年比较情况。

（三）产业发展情况

三次产业保持了全面增长的良好态势。其中，第一产业增加值 572.74 亿元，增长 2.4%；第二产业增加值 3192.39 亿元，增长 4.6%；第三产业增加值 4051.29 亿元，增长 2.7%。三次产业构成为 7.3∶40.8∶51.9。

全力推动新旧动能转换，发展新动能持续释放。加快淘汰落后产能，新经济新动能快速成长，114 个先进制造业项目加快推进，100 个过亿元重点技改项目全面实施，战略性新兴产业产值增长 14%，"四新"经济增加值占 GDP 比重达到 31.5%。医药健康产业收入突破千亿元，航天产业快速聚集，夏普 8K 超高清显示、卫星互联网应用、集成电路封测等新产业加快布局。

当前，经济回升的基础还不牢固，特别是中小微企业生存压力仍然很大。新旧动能转换仍处于"阵痛期"，传统产业占比依旧过高，新兴产业支撑力不足。

今后，应以国家创新型城市建设走在前列为目标，不断完善区域创新体系和全域创新布局，着力在提升科技创新能力上取得新突破。坚持市、县、园区、企业协同发力，打造一批标志性科创平台，促进创新链与产业链深度融合，形成支撑高质量发展的创新体系。统筹推进源头创新、技术创新、产业创新，引领产业高质量发展。

表 3-6 烟台市各级指标值和位次与上年比较

指标名称	指标值		位次	
	上年	当年	上年	当年
综合科技创新水平指数（%）	80.24	95.24	6	5
创新资源指数（%）	57.23	64.10	8	5
全社会研发（R&D）经费支出占地区生产总值（GDP）的比重（%）	1.65	1.84	14	13
地方财政科技支出占公共财政支出的比重（%）	3.85	3.54	2	2
每万名就业人员中研发人员数（人年）	48.37	76.59	7	7
基础研究经费支出占 R&D 经费支出的比重（%）	1.80	1.90	6	5
创新产出指数（%）	69.32	99.50	7	11
每亿元 GDP 年登记技术合同成交额（万元）	144.97	221.44	10	12
每亿元 GDP 发明专利申请数（件）	0.60	0.82	10	7
每万人发明专利拥有量（件）	10.11	12.03	5	6
企业创新指数（%）	68.36	84.17	8	9
规模以上工业企业 R&D 经费支出占营业收入的比重（%）	1.40	1.42	10	11
规模以上工业企业 R&D 人员占规模以上工业企业从业人员比重（%）	5.25	7.89	8	6
每万家企业法人单位中高新技术企业数（家）	48.10	55.55	6	6
有研发机构的规模以上工业企业占规模以上工业企业比重（%）	9.26	13.48	12	5
规模以上工业企业新产品销售收入占营业收入比重（%）	17.79	22.01	8	8
创新绩效指数（%）	73.19	77.79	5	6
规模以上高新技术产业产值占规模以上工业产值比重（%）	48.26	54.77	5	4
电子商务销售额占 GDP 比重（%）	23.32	23.68	4	3
全员劳动生产率（万元/人）	17.83	18.22	4	4
万元 GDP 综合能耗较上年降低率（%）	3.16	3.11	12	14
创新环境指数（%）	149.38	169.18	1	1
规模以上工业企业研发费用加计扣除减免税占企业研发经费的比重(%)	14.09	15.91	1	2
每万名就业人员累计孵化企业数（家）	2.88	3.08	7	5
科学研究和技术服务业平均工资比较系数（%）	96.33	115.22	7	4
实际使用外资金额占 GDP 比重（%）	1.75	2.01	3	3
每万人互联网宽带接入用户数（万户）	0.33	0.37	6	5

七、潍坊市

（一）科技创新发展情况

2020年，潍坊市新旧动能转换加速，平台布局不断优化，潍柴国家燃料电池技术创新中心通过科技部专家论证，"潍坊高端装备山东省实验室"争创工作推进顺利，谭旭光获山东省科学技术最高奖，动力装备产业集群入围全国先进制造业集群。潍坊市综合科技创新水平指数为82.48%，与上年相比，提高了21.69个百分点，居全省第9位，位次上升1位。

创新绩效强势增长。创新绩效指数为78.13%，较去年提高29.22个百分点，位次上升6位，居全省第5位。万元GDP综合能耗较上年降低率提升11个位次，居全省第4位，在节能减排、清洁生产、能源利用等方面成效明显。规模以上高新技术产业产值占规模以上工业产值比重较上年提高2.52个百分点，电子商务销售额占GDP比重较上年提高7.57个百分点，位次上升3位。

创新资源集聚能力持续提升。创新资源指数为54.93%，较上年提高6.93个百分点，居全省第9位，位次上升2位。地方财政科技支出占公共财政支出的比重较上年提高0.04个百分点，位次上升2位，财政科技投入力度增强。每万名就业人员中研发人员数较上年提升60.89%，位次上升2位。R&D经费支出居全省第4位，较上年增长7.06%。潍坊市在人才引育、研发投入等方面有了较大突破。

创新创业环境有较大改善。创新环境指数为108.86%，较上年提高22.15个百分点，居全省第8位，上升2个位次。规模以上工业企业研发费用加计扣除减免税占企业研发经费的比重较上年提高2.82个百分点，位次提升1位。实际使用外资金额占GDP比重提高0.42个百分点；科学研究和技术服务业平均工资比较系数下降0.62个百分点，居全省末位。应提高科研人员工资待遇，加大人才引进力度，营造更加优良的创新创业生态环境。

企业创新增势良好。企业创新指数为75.72%，较上年提高16.62个百分点，保持全省第11位。高新技术企业突破1000家，规模以上工业企业新产品销售收入占营业收入比重较上年提高 7.59 个百分点，位次上升 3 位，居全省第 4 位。有研发机构的规模以上工业企业占规模以上工业企业比重较上年提升 5.00 个百分点，位次上升 2 位，居全省第 11 位。规模以上工业企业 R&D 人员增幅居全省首位，占规模以上工业企业从业人员比重较上年提高 1.99 个百分点。

创新产出增速较慢。创新产出指数为 104.23%，较上年提高 36.66 个百分点，位次下滑 2 位，居全省第 10 位。每亿元 GDP 发明专利申请数位次下降 1 位，创新产出三项指标值较上年都有所提高，但是每亿元 GDP 年登记技术合同成交额和每亿元 GDP 发明专利申请数增速均居全省第 10 位，增速较慢，使得潍坊的创新产出排名在全省下降。应提高知识产权转化运用和服务能力，努力推进科技成果转移转化，提升科技产出效率。

图 3-7 为潍坊市一级评价指标与上年水平比较情况。

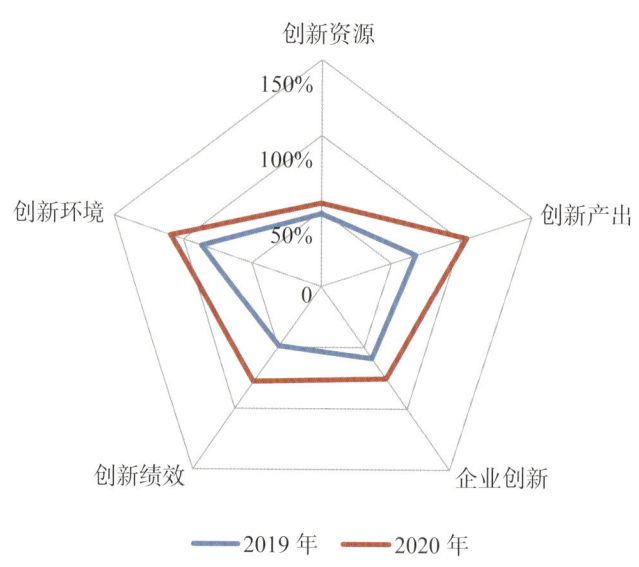

图 3-7　潍坊市一级评价指标与上年水平比较情况

（二）创新发展主要指标分析及位次

地区生产总值 5872.17 亿元，居全省第 4 位。全员劳动生产率为 11.07 万元/人，保持全省第 9 位。万元 GDP 综合能耗较上年降低率为 8.27%，跃居全省第 4 位。

地区研发人员30 981.6人年，居全省第4位，较上年增长11 514.2人年，增量居全省第2位。每万名就业人员中研发人员数为58.39人年，居全省第8位，位次上升2位。规模以上工业企业R&D人员占规模以上工业企业从业人员比重为5.98%，位次与上年持平，居全省第12位。

全社会R&D经费支出127.64亿元，较上年增长7.06%，占GDP比重为2.17%，较上年提高0.07个百分点，排名下滑1位。R&D经费中基础研究经费占比为0.89%，居全省第12位。地方财政科技支出占公共财政支出的比重为2.83%，居全省第6位，位次上升2位。规模以上工业企业R&D经费支出占营业收入的比重为1.36%，位次下降1位，居全省第12位。

潍坊持续实施高企"育苗造林"行动和"小升高"计划，高企规模持续壮大，高新技术企业1002家，居全省第4位，比上年增加193家。每万家企业法人单位中高新技术企业数41.81家，居全省第8位。规模以上高新技术产业产值占规模以上工业产值比重为52.26%，居全省第5位，较上年提高2.52个百分点。

重要科技创新平台136家，其中省级以上重点实验室13家、省级创新创业共同体1家、省级以上技术创新中心4家、省级以上科技企业孵化器19家、省级以上众创空间20家、省级以上技术转移示范机构2家、院士工作站73家、省级国际科技合作基地4家。

每亿元GDP发明专利申请数为1.24件，较上年增加0.19件，居全省第4位。每万人发明专利拥有量为10.42件，较上年增加2.35件，居全省第7位。年登记技术合同成交额135.78亿元，较上年增长75.27%。

每万名就业人员累计孵化企业数1.45家，位次下降1位，居全省第9位。省级以上科技企业孵化器累计毕业企业数768家，居全省第7位。科学研究和技术服务业平均工资比较系数为68.36%，位次下降3位，排名全省末位。实际使用外资金额10.83亿美元，占GDP的比重为1.27%，较上年提高0.42个百分点。

表3-7为潍坊市各级指标值和位次与上年比较情况。

（三）产业发展情况

三次产业渐趋融合，产业结构不断优化，农业生产保持稳定，工业生产持续增长，规模以上服务业加快恢复，三次产业结构由上年的9.1∶40.3∶50.6调整为9.1∶39.3∶51.6。

高质量发展呈现加速态势，重大项目快速引进，优势产业迅速壮大。"四新"经济的增加值占生产总值的比重达到27.8%，海洋产业发展势头强劲。新培育国家、省级制造业单项冠军19家，省级"瞪羚"企业38家。4家企业入选全国首批专精特新"小巨人"企业。省级"隐形冠军"企业和"瞪羚"企业数量均居全省前列，5个产业集群入选省首批"雁阵形"产业集群。

当前，新旧动能接续不畅，制造业数字化、智能化水平不高，总体创新能力不足，科技领军人才和高水平创新团队缺乏，淘汰落后产能任务艰巨。

今后，要加快新旧动能转换，全面提高经济整体竞争力。围绕"十强"产业、"四新"经济等推动高质量发展的产业，培育新的经济增长点。坚持高端高质高效发展方向，加快产业结构调整步伐。持续强化创新驱动，培育创新主体，健全研发投入支持机制，攻坚"双招双引"，深化科技合作，大力创建国家创新型城市，以创新支撑引领高质量发展。

表 3-7 潍坊市各级指标值和位次与上年比较

指标名称	指标值 上年	指标值 当年	位次 上年	位次 当年
综合科技创新水平指数（%）	60.79	82.48	10	9
创新资源指数（%）	47.99	54.93	11	9
全社会研发（R&D）经费支出占地区生产总值（GDP）的比重（%）	2.10	2.17	10	11
地方财政科技支出占公共财政支出的比重（%）	2.79	2.83	8	6
每万名就业人员中研发人员数（人年）	36.29	58.39	10	8
基础研究经费支出占R&D经费支出的比重（%）	0.77	0.89	10	12
创新产出指数（%）	67.57	104.23	8	10
每亿元GDP年登记技术合同成交额（万元）	136.19	231.23	11	10
每亿元GDP发明专利申请数（件）	1.05	1.24	3	4
每万人发明专利拥有量（件）	8.07	10.42	7	7
企业创新指数（%）	59.10	75.72	11	11
规模以上工业企业R&D经费支出占营业收入的比重（%）	1.34	1.36	11	12
规模以上工业企业R&D人员占规模以上工业企业从业人员比重（%）	3.98	5.98	12	12
每万家企业法人单位中高新技术企业数（家）	41.79	41.81	8	8
有研发机构的规模以上工业企业占规模以上工业企业比重（%）	6.10	11.10	13	11
规模以上工业企业新产品销售收入占营业收入比重（%）	17.89	25.49	7	4
创新绩效指数（%）	48.92	78.13	11	5
规模以上高新技术产业产值占规模以上工业产值比重（%）	49.74	52.26	3	5
电子商务销售额占GDP比重（%）	11.66	19.23	8	5
全员劳动生产率（万元/人）	10.60	11.07	9	9
万元GDP综合能耗较上年降低率（%）	−3.49	8.27	15	4
创新环境指数（%）	86.72	108.86	10	8
规模以上工业企业研发费用加计扣除减免税占企业研发经费的比重（%）	7.23	10.05	7	6
每万名就业人员累计孵化企业数（家）	1.76	1.45	8	9
科学研究和技术服务业平均工资比较系数（%）	68.98	68.36	13	16
实际使用外资金额占GDP比重（%）	0.85	1.27	6	8
每万人互联网宽带接入用户数（万户）	0.30	0.31	10	10

八、济宁市

（一）科技创新发展情况

2020年，济宁市科技创新工作紧扣深化创新型城市建设任务目标，加强创新主体培育，健全科技服务体系，出台《创新创业共同体建设与运行管理办法》，积极探索以创新创业为支撑的新型产业升级模式。"山推股份"获批首个省级高端装备产业创新中心，太阳纸业获国家科学技术进步奖一等奖，产学研合作不断加强，与100余所高校、60余个科研院所建立合作关系，成功举办产学研合作暨院士专家恳谈会。济宁市综合科技创新水平指数为76.03%，较上年提高20.95个百分点，位次下降1位，居全省第13位。

企业创新显著提升。企业创新指数为97.62%，较上年提高35.72个百分点，位次上升3位，居全省第7位。有研发机构的规模以上工业企业占规模以上工业企业比重提高16.17个百分点，居全省第2位，有研发机构的企业数量515家，居全省首位，研发活跃度明显提升，创新活力显著增强。规模以上工业企业R&D人员占规模以上工业企业从业人员比重较上年提高3.24个百分点，位次上升4位。规模以上工业企业R&D经费支出占营业收入的比重提高0.36个百分点，位次上升2位，居第10位。

创新环境得到优化。创新环境指数116.45%，较上年提高24.07个百分点，位次上升1位，居全省第7位。研发费用加计扣除减免税和高新技术企业减免税较上年有较大增长，科学研究和技术服务业平均工资比较系数较上年提高21.87个百分点，位次上升3位，实际使用外资金额增长近80%，增量居全省第3位。

创新产出平稳增长。创新产出指数为91.43%，较上年提高42.28个百分点，居全省第12位。技术合同成交额翻了一番，每亿元GDP年登记技术合同成交额较上年增长102%，居全省第9位。每万人发明专利拥有量较上年增长0.90件，发明专利申请量增长25.49%。技术市场发展形势较好，科技成果转化推进较为扎实，应加快提高专利密度，提升科技创新产出的效率。

创新资源集聚能力有所下降。创新资源指数为37.99%，较上年提高2.13个百分点，位次下滑1位，居全省第13位。全社会研发（R&D）经费支出占地区生产总值（GDP）的比重、地方财政科技支出占公共财政支出的比重、每万名就业人员中研发人员数分别位列全省第14、11、11位，与国家创新型城市地位不相符合，需优化创新生态，加大研发投入，促进高质量发展。

创新绩效发展滞后。创新绩效指数为39.79%，较上年下降1.16个百分点，位次下降3位，居全省第16位。万元GDP综合能耗较上年降低率位次下降6位，居全省第15位。电子商务销售额占GDP比重较上年下降0.94个百分点，居全省末位。建议进一步优化产业结构，推动绿色循环低碳发展，完善产业配套。

图3-8为济宁市一级评价指标与上年水平比较情况。

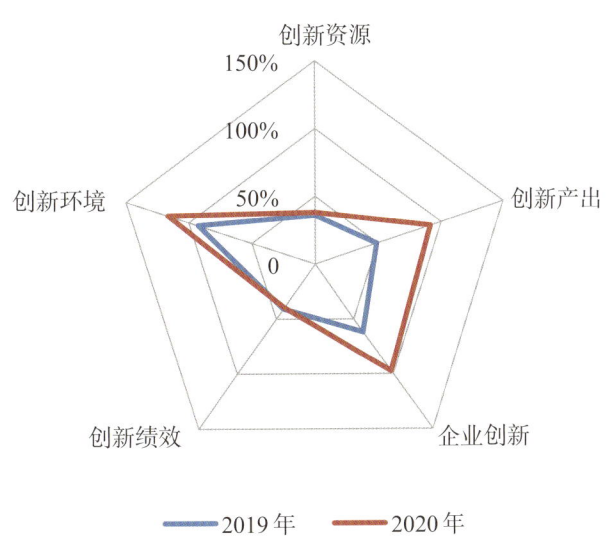

图3-8 济宁市一级评价指标与上年水平比较情况

（二）创新发展主要指标分析及位次

地区生产总值4494.31亿元，居全省第6位。全员劳动生产率为10.47万元/人，居全省第10位。万元GDP综合能耗较上年降低率为1.47%，居全省第15位，改造提升传统动能任务依然艰巨。

地区研发人员 20 342.7 人年，居全省第 6 位，较上年增长 7614.1 人年，增量居全省第 3 位。每万名就业人员中研发人员数为 47.40 人年，居全省第 11 位。规模以上工业企业 R&D 人员占规模以上工业企业从业人员比重为 6.35%，居全省第 11 位。

全社会 R&D 经费支出 66.69 亿元，较上年增长 22.91%，占地区生产总值（GDP）的比重为 1.48%，较上年提高 0.24 个百分点，居全省第 14 位。R&D 经费中基础研究经费占比为 1.92%，居全省第 4 位，位次提升 1 位。地方财政科技支出占公共财政支出的比重为 1.13%，居全省第 11 位。规模以上工业企业 R&D 经费支出占营业收入的比重为 1.62%，居全省第 10 位。

高新技术企业 614 家，比上年增加 111 家，增量居全省第 8 位。每万家企业法人单位中高新技术企业数 33.50 家，保持全省第 12 位。规模以上高新技术产业产值占规模以上工业产值比重为 39.78%，居全省第 12 位，较上年提高 9.08 个百分点。

重要科技创新平台 87 家，其中省级以上重点实验室 2 家、省级创新创业共同体 1 家、省级以上技术创新中心 1 家、省级以上科技企业孵化器 17 家、省级以上众创空间 36 家、省级以上技术转移示范机构 2 家、院士工作站 26 家、省级国际科技合作基地 2 家。

每亿元 GDP 发明专利申请数为 0.62 件，较上年增加 0.11 件，居全省第 13 位。每万人发明专利拥有量为 4.15 件，较上年增加 0.90 件，保持全省第 12 位。年登记技术合同成交额 108.48 亿元，较上年增长 107.74%，增长态势显著，充分说明济宁市推进科技成果转化成效显著。

每万名就业人员累计孵化企业数 2.79 家，居全省第 7 位，省级以上科技企业孵化器累计毕业企业数 1196 家，居全省第 5 位。科学研究和技术服务业平均工资比较系数为 84.63%，较上年提高 21.87 个百分点，位次上升 3 位。实际使用外资金额 8.12 亿美元，占 GDP 比重为 1.25%，比上年提高 0.53 个百分点。

表 3-8 为济宁市各级指标值和位次与上年比较情况。

（三）产业发展情况

三次产业比重由上年的 11.5∶40.3∶48.2 调整为 11.7∶39.2∶49.1，农业生产总体平稳，农业种植结构不断调整优化，工业生产持续加快，行业增长提速扩面，服务业生产明显改善，高技术服务业保持较快增长势头。

产业转型积厚成势。强力实施新旧动能转换重大工程，坚决淘汰落后动能，培育壮大新动能，"四新"经济占比提高到 23.3%，实施"工业立市、制造强市"发展战略，全力打造"231"产业集群，先进制造业加快发展，高技术制造业增加值占规模以上工业增加值比重同比提高 2.2 个百分点，工业高新产品增长较快。加大重点企业创新扶持力度，新增"瞪羚"企业、"单项冠军"企业 78 家，3 家企业入选国家工业强基工程，4 个产业入选省首批现代优势产业集群，科技创新支撑引领能力进一步增强。

当前，产业结构偏紧，能源结构偏煤，新经济规模支撑不强，传统产业依赖明显，投资增长结构单一，内生动力不足，行业、县市区发展不均衡，工业稳增长仍需加力，投资提质效仍需加强。

今后，要扎实推进产业集群培育，全力提升产业基础能力和产业链水平，围绕产业链布置创新链，精准帮扶做强实体经济，推动产业强势升级。扩大有效投资，增强发展后劲，加强科技平台建设的广度和深度，强化创新支撑作用。完善机制体制，加大政策扶持，营造更优创新环境，巩固企业创新主体，打造区域创新新格局。

表 3-8 济宁市各级指标值和位次与上年比较

指标名称	指标值 上年	指标值 当年	位次 上年	位次 当年
综合科技创新水平指数（%）	55.08	76.03	12	13
创新资源指数（%）	35.86	37.99	12	13
全社会研发（R&D）经费支出占地区生产总值（GDP）的比重（%）	1.24	1.48	15	14
地方财政科技支出占公共财政支出的比重（%）	1.30	1.13	12	11
每万名就业人员中研发人员数（人年）	29.23	47.40	12	11
基础研究经费支出占R&D经费支出的比重（%）	3.28	1.92	5	4
创新产出指数（%）	49.15	91.43	12	12
每亿元GDP年登记技术合同成交额（万元）	119.49	241.37	12	9
每亿元GDP发明专利申请数（件）	0.51	0.62	12	13
每万人发明专利拥有量（件）	3.25	4.15	12	12
企业创新指数（%）	61.89	97.62	10	7
规模以上工业企业R&D经费支出占营业收入的比重（%）	1.25	1.62	12	10
规模以上工业企业R&D人员占规模以上工业企业从业人员比重（%）	3.11	6.35	15	11
每万家企业法人单位中高新技术企业数（家）	34.13	33.50	12	12
有研发机构的规模以上工业企业占规模以上工业企业比重（%）	10.36	26.53	6	2
规模以上工业企业新产品销售收入占营业收入比重（%）	18.23	21.69	6	9
创新绩效指数（%）	40.95	39.79	13	16
规模以上高新技术产业产值占规模以上工业产值比重（%）	30.70	39.78	15	12
电子商务销售额占GDP比重（%）	3.65	2.71	16	16
全员劳动生产率（万元/人）	10.04	10.47	10	10
万元GDP综合能耗较上年降低率（%）	4.39	1.47	9	15
创新环境指数（%）	92.38	116.45	8	7
规模以上工业企业研发费用加计扣除减免税占企业研发经费的比重（%）	8.01	13.97	6	3
每万名就业人员累计孵化企业数（家）	2.94	2.79	6	7
科学研究和技术服务业平均工资比较系数（%）	62.76	84.63	15	12
实际使用外资金额占GDP比重（%）	0.71	1.25	7	9
每万人互联网宽带接入用户数（万户）	0.27	0.29	12	15

九、泰安市

（一）科技创新发展情况

2020年，泰安市加快提升区域自主创新能力，区域创新体系建设取得新突破，积极培育以"创新50强"企业、高新技术企业为代表的科技型企业，推进科技创新平台建设，新增国家级众创空间2家，备案10家省级新型研发机构，推动泰安国家农业科技园区加入科技部"100+N"创新体系建设，全省首家、行业唯一的国家级先进制造业技术创新中心——先进印染技术创新中心花落泰安。泰安市综合科技创新水平指数为81.65%，位列全省第10位，与上年相比，指数提高7.61个百分点，位次下降3位。

创新绩效迅速提升。创新绩效指数为82.40%，较上年提高31.23个百分点，位次居全省第4位，较上年上升6位。万元GDP综合能耗较上年降低率达16.00%，居全省第1位，较上年上升7位。规模以上高新技术产业产值占规模以上工业产值比重较上年提高6.81个百分点，全员劳动生产率较上年增长5.21%。

创新产出增速缓慢。创新产出指数为76.99%，较上年提高11.87个百分点，位次下降3位，居全省第13位。每亿元GDP年登记技术合同成交额、每亿元GDP发明专利申请数、每万人发明专利拥有量虽较上年有所增长，但增速较慢，位次分别下降至全省第14位、第12位、第11位。建议提升知识产权转化运用和服务能力，提高技术创新和科技成果转化效率，推进科技产出成效。

创新环境需进一步优化。创新环境指数为105.55%，较上年提高1.86个百分点，位列全省第9位，较上年下降3位。科学研究和技术服务业平均工资比较系数位次下降4位，规模以上工业企业研发费用加计扣除减免税占企业研发经费的比重位次较去年下降3位，每万名就业人员累计孵化企业数位次下降1位。应大力实施科技人才智汇泰安工程，提高科技人员工资和待遇水平，做好普惠性科技创新政策的宣传和落实，让更多企业享受科技政策带来的实惠。

企业创新能力有所减弱。企业创新指数为96.79%，较上年下降1.69个百分点，位次跌至全省第8位，较上年下降6位。规模以上工业企业新产品销售收入占营业收入比重位次下降5位，规模以上工业企业R&D经费支出占营业收入的比重位次下降2位，规模以上工业企业R&D人员占规模以上工业企业从业人员比重位次下降2位。需进一步强化企业研发投入主体地位，积极推进规模以上企业研发活动的有序开展，全面落实技术创新各项政策，鼓励企业加大新产品开发和销售力度。

创新资源存在短板。创新资源指数为46.32%，较上年下降3.16个百分点，居全省第11位，较上年下降2位。全社会研发（R&D）经费支出占地区生产总值（GDP）的比重位次较上年下降3位，地方财政科技支出占公共财政支出的比重下降0.23个百分点。建议政府进一步完善研发投入机制，加大财政投入力度，进一步激发企业开展研发活动的积极性，提高全市的研发投入水平。

图3-9为泰安市一级评价指标与上年水平比较情况。

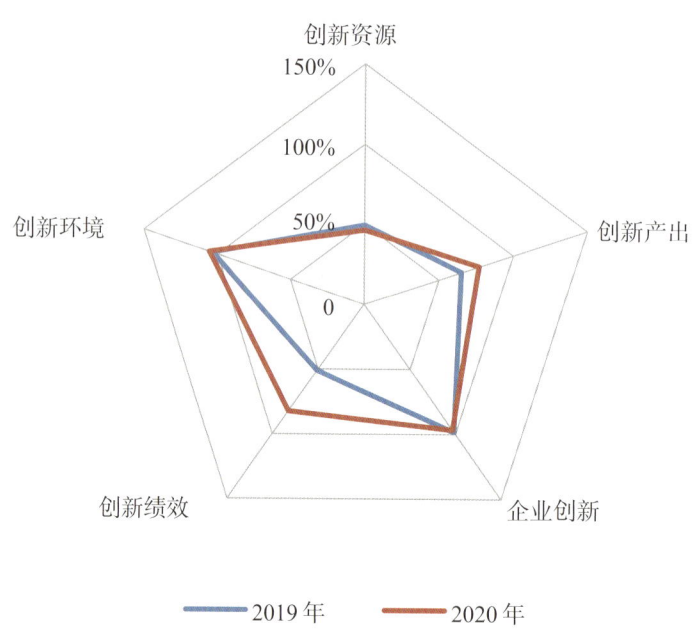

图3-9　泰安市一级评价指标与上年水平比较情况

（二）创新发展主要指标分析及位次

地区生产总值 2766.46 亿元，居全省第 12 位。全员劳动生产率为 9.25 万元/人，居全省第 12 位。万元 GDP 综合能耗较上年降低率为 16.00%，居全省第 1 位。

地区研发人员 14 363.1 人年，居全省第 11 位。每万名就业人员中研发人员数为 48.03 人年，居全省第 10 位，增速缓慢。规模以上工业企业 R&D 人员占规模以上工业企业从业人员比重为 7.74%，位次降至全省第 7 位。

全社会 R&D 经费支出 66.37 亿元，比上年增长 3.06%，占地区生产总值（GDP）的比重为 2.40%，较上年下降 0.02 个百分点，位次降至全省第 9 位。R&D 经费中基础研究经费占比为 2.62%，居全省第 3 位。地方财政科技支出占公共财政支出的比重为 0.81%，位列全省第 14 位。规模以上工业企业 R&D 经费支出占营业收入的比重为 2.58%，位次降至全省第 3 位。

高新技术企业 368 家，比上年增加 96 家，居全省第 9 位。每万家企业法人单位中高新技术企业数 49.64 家，居全省第 7 位。规模以上高新技术产业产值占规模以上工业产值比重为 51.12%，居全省第 6 位，较上年提高 6.81 百分点。

重要科技创新平台 62 家，其中省级以上重点实验室 11 家、省级创新创业共同体 1 家、省级以上科技企业孵化器 5 家、省级以上众创空间 10 家、院士工作站 28 家、省级国际科技合作基地 5 家、省技术创新中心 2 家。

每亿元 GDP 发明专利申请数为 0.75 件，较上年增加 0.04 件，居全省第 12 位。每万人发明专利拥有量为 4.40 件，较上年增加 0.58 件，居全省第 11 位。年登记技术合同成交额 53.17 亿元，较上年增长 24.78%。

每万名就业人员累计孵化企业数 0.64 家，居全省第 15 位，省级以上科技企业孵化器累计毕业企业数 190 家，居全省第 13 位。科学研究和技术服务业平均工资比较系数为 92.85%，居全省第 7 位。实际使用外资金额 6.83 亿美元，占 GDP 比重为 1.70%，居全省第 4 位。

表 3-9 为泰安市各级指标值和位次与上年比较情况。

(三)产业发展情况

产业发展稳定转好,农业经济总量稳步增加,工业效益总体平稳,服务业支撑作用持续显现,三次产业结构调整为 10.8∶39.1∶50.1。

动能转换初见成效。"四新"经济投资增长 7.1%,占全部投资的 57.3%,"四新"经济增加值占地区生产总值的比重提高到 27.6%。推进产业高质量发展,加快构筑现代产业体系。工业短板加快补齐,出台"十二条意见",工业领军企业 50 强实现营业收入增长 7.7%,科技创新型企业 50 强实现营业收入 34.43 亿元。

目前,泰安市工业恢复迅速,但持续性还有待观察,受疫情、市场、资金多种因素影响,民间投资表现不够活跃,积极性不高,投资结构仍需进一步优化。

今后,应继续实施"雁阵形"产业集群培育工程,加快高端装备、高端化工、新一代信息技术等优势产业集群。支持骨干企业做大做强,持续加大对"双 50 强"企业支持力度,实施中小微企业优选培训工程,推进"小升规""规改股""股上市",强化规模以上工业企业对全市经济发展的带动作用。在国际国内"双循环"格局下,深化民营经济供给侧结构性改革,发挥政府投资撬动作用,激发民进投资活力,持续优化营商环境。

第三部分 区域综合科技创新水平分析

表 3-9 泰安市各级指标值和位次与上年比较

指标名称	指标值 上年	指标值 当年	位次 上年	位次 当年
综合科技创新水平指数（%）	74.05	81.65	7	10
创新资源指数（%）	49.48	46.32	9	11
全社会研发（R&D）经费支出占地区生产总值（GDP）的比重（%）	2.42	2.40	6	9
地方财政科技支出占公共财政支出的比重（%）	1.04	0.81	13	14
每万名就业人员中研发人员数（人年）	47.28	48.03	8	10
基础研究经费支出占R&D经费支出的比重（%）	3.58	2.62	4	3
创新产出指数（%）	65.12	76.99	10	13
每亿元GDP年登记技术合同成交额（万元）	159.97	192.20	7	14
每亿元GDP发明专利申请数（件）	0.70	0.75	6	12
每万人发明专利拥有量（件）	3.82	4.40	9	11
企业创新指数（%）	98.48	96.79	2	8
规模以上工业企业R&D经费支出占营业收入的比重（%）	2.61	2.58	1	3
规模以上工业企业R&D人员占规模以上工业企业从业人员比重（%）	7.44	7.74	5	7
每万家企业法人单位中高新技术企业数（家）	47.00	49.64	7	7
有研发机构的规模以上工业企业占规模以上工业企业比重（%）	9.84	11.67	9	9
规模以上工业企业新产品销售收入占营业收入比重（%）	25.70	23.62	2	7
创新绩效指数（%）	51.17	82.40	10	4
规模以上高新技术产业产值占规模以上工业产值比重（%）	44.31	51.12	6	6
电子商务销售额占GDP比重（%）	7.23	3.76	14	14
全员劳动生产率（万元/人）	8.79	9.25	12	12
万元GDP综合能耗较上年降低率（%）	4.62	16.00	8	1
创新环境指数（%）	103.69	105.55	6	9
规模以上工业企业研发费用加计扣除减免税占企业研发经费的比重（%）	9.55	9.41	4	7
每万名就业人员累计孵化企业数（家）	0.84	0.64	14	15
科学研究和技术服务业平均工资比较系数（%）	105.54	92.85	3	7
实际使用外资金额占GDP比重（%）	1.19	1.70	5	4
每万人互联网宽带接入用户数（万户）	0.26	0.30	14	11

十、威海市

（一）科技创新发展情况

2020年，威海市科技创新能力持续提升，创新企业质效双升，高新技术产业发展态势良好，"1+4+N"高端创新平台体系发展迅速，创建山东省高端医疗器械创新创业共同体，获批建设3家省级技术创新中心，备案省级新型研发机构20家。威海市综合科技创新水平指数为101.66%，位居全省第4位，与上年相比，指数提高12.19个百分点。

企业创新能力不断增强。企业创新指数为112.96%，较上年提高17.09个百分点，居全省第1位，提升2个位次。规模以上工业企业R&D经费支出占营业收入的比重较上年提高0.37个百分点，位次上升1位，每万家企业法人单位中高新技术企业数较上年增加17.26家，增长23.10%，位次上升1位。

创新产出稳步提高。创新产出指数为147.35%，较上年提高59.87个百分点，居全省第5位，位次下降1位。每亿元GDP年登记技术合同成交额较上年增长89.12%，保持全省第5位，每万人发明专利拥有量增加1.93件。

创新绩效水平仍需提升。创新绩效指数为75.14%，较上年提高1.21个百分点，居全省第7位，较上年下降3位。电子商务销售额占GDP比重位次下降2位，万元GDP综合能耗较上年降低率位次下降6位。需加强电子商务新业态新模式标准建设，促进直播电商、社交电商等快速规范发展，调整产业结构，严控高耗能项目，优化能源消费结构，提升用能效率。

创新环境亟须优化。创新环境指数为122.28%，较上年下降9.71个百分点，居全省第5位，位次下降3位。规模以上工业企业研发费用加计扣除减免税较上年下降12.90%。科学研究和技术服务业平均工资比较系数保持第9位。要加强对科技创新政策的宣传和落实，让更多的企业了解政策并享受政策带来的福利，进一步提高科技人员的工资待遇。

研发投入水平需进一步提升。创新资源指数为55.88%，较上年下降8.61个百分点，居全省第8位，位次下降3位。地方财政科技支出占公共财政支出的比重较上年减少1.64个百分点，位次下降4位，全社会研发（R&D）经费支出占地区生产总值（GDP）的比重位次下降1位。基础研究经费及占比虽有较大增长，但在全省排名较落后，应引起政府部门高度重视。需进一步加大科技投入力度，激发创新主体开展研发活动的积极性，提高基础研究经费支持力度，进而增加全社会的研发投入水平，积极营造良好的全社会研发氛围，提升原始创新能力。

图 3-10 为威海市一级评价指标与上年水平比较情况。

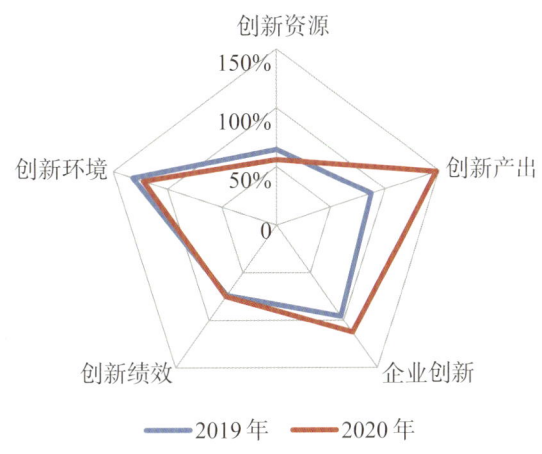

图 3-10　威海市一级评价指标与上年水平比较情况

（二）创新发展主要指标分析及位次

地区生产总值 3017.79 亿元，居全省第 10 位。全员劳动生产率为 17.41 万元/人，居全省第 5 位。万元 GDP 综合能耗较上年降低率为 5.48%，居全省第 10 位。

地区研发人员 14 520.3 人年，居全省第 10 位。每万名就业人员中研发人员数为 83.79 人年，居全省第 5 位。规模以上工业企业 R&D 人员占规模以上工业企业从业人员比重为 7.36%，居全省第 9 位。

全社会 R&D 经费支出 71.31 亿元，较上年增长 6.53%，占地区生产总值（GDP）的比重为 2.36%，较上年提高 0.10 个百分点，居全省第 10 位。R&D 经费中基础研究经费占比为 0.27%，居全省末位。地方财政科技支出占公共财政支出的比重为 2.07%，居全省第 7 位。规模以上工业企业 R&D 经费支出占营业收入的比重为 2.68%，位次提升至全省第 2 位。

高新技术企业 738 家，比上年增加 236 家，增量居全省第 4 位。每万家企业法人单位中高新技术企业数 91.96 家，居全省第 2 位。规模以上高新技术产业产值占规模以上工业产值比重为 60.13%，居全省第 2 位，较上年提高 10.62 个百分点。

重要科技创新平台 101 家，其中省级以上重点实验室 11 家、省级创新创业共同体 1 家、省级以上技术创新中心 5 家、省级以上科技企业孵化器 24 家、省级以上众创空间 20 家、省级以上技术转移示范机构 2 家、院士工作站 36 家、省级国际科技合作基地 2 家。

每亿元 GDP 发明专利申请数为 0.76 件，较上年增加 0.10 件，居全省第 10 位。每万人发明专利拥有量为 13.39 件，较上年增加 1.93 件，居全省第 5 位。年登记技术合同成交额 109.61 亿元，较上年增长 92.57%。

每万名就业人员累计孵化企业数 3.76 家，保持全省第 3 位，省级以上科技企业孵化器累计毕业企业数 651 家，居全省第 8 位。科学研究和技术服务业平均工资比较系数为 91.38%，居全省第 9 位。实际使用外资金额 13.58 亿美元，占 GDP 比重为 3.10%，居全省第 2 位。

表 3-10 为威海市各级指标值和位次与上年比较情况。

（三）产业发展情况

产业结构持续优化，农业现代化步伐加快，工业生产快速恢复，筑牢实体经济"压舱石"，服务业拉动作用明显，转型升级态势稳健，三次产业结构优化调整为 10.0∶38.5∶51.5。

新旧动能转换稳步推进。以"四新"促"四化"，推动"工业制造"向"工业智造"转变、"生产型制造"向"服务型制造"转变。全市拥有 9 家国家级制造业单项冠军企业，33 家省级以上制造业单项冠军企业，141 家省级"专精特新"企业，数量位居全省前列。建立"卡脖子"关键技术库，成立各类创新机构 45 家，实施产业化项目超过 100 项，孵化企业超过 70 家。实施"现代优势产业集群＋人工智能＋互联网"工程，9 家企业入选省级试点。

当前，服务业整体水平偏低，规模偏小，发展能力偏弱，服务业内部结构需进一步优化，投资增长乏力，消费市场仍有巨大潜力。

今后，应顺应新一轮科技革命和产业革命潮流趋势，大力推进制造业和服务业深度融合，探索产业变革发展的新业态、新路径，培育经济转型升级、提质增效的新动力，继续推动生产性服务向专业化和价值链高端延伸。聚焦服务实体经济发展，提升专业化服务水平，重点发展现代物流、科技服务等服务业，着力增加服务有效供给、创新服务业态模式、提升服务质量水平。

第三部分 区域综合科技创新水平分析

表 3-10 威海市各级指标值和位次与上年比较

指标名称	指标值 上年	指标值 当年	位次 上年	位次 当年
综合科技创新水平指数（%）	89.47	101.66	4	4
创新资源指数（%）	64.49	55.88	5	8
全社会研发（R&D）经费支出占地区生产总值（GDP）的比重（%）	2.26	2.36	9	10
地方财政科技支出占公共财政支出的比重（%）	3.71	2.07	3	7
每万名就业人员中研发人员数（人年）	80.18	83.79	4	5
基础研究经费支出占R&D经费支出的比重（%）	0.02	0.27	16	16
创新产出指数（%）	87.48	147.35	4	5
每亿元GDP年登记技术合同成交额（万元）	192.06	363.21	5	5
每亿元GDP发明专利申请数（件）	0.66	0.76	7	10
每万人发明专利拥有量（件）	11.46	13.39	4	5
企业创新指数（%）	95.87	112.96	3	1
规模以上工业企业R&D经费支出占营业收入的比重（%）	2.31	2.68	3	2
规模以上工业企业R&D人员占规模以上工业企业从业人员比重（%）	5.96	7.36	7	9
每万家企业法人单位中高新技术企业数（家）	74.71	91.96	3	2
有研发机构的规模以上工业企业占规模以上工业企业比重（%）	12.75	13.23	3	7
规模以上工业企业新产品销售收入占营业收入比重（%）	21.78	28.94	5	2
创新绩效指数（%）	73.93	75.14	4	7
规模以上高新技术产业产值占规模以上工业产值比重（%）	49.51	60.13	4	2
电子商务销售额占GDP比重（%）	11.62	10.38	9	11
全员劳动生产率（万元/人）	17.09	17.41	5	5
万元GDP综合能耗较上年降低率（%）	7.03	5.48	4	10
创新环境指数（%）	131.99	122.28	2	5
规模以上工业企业研发费用加计扣除减免税占企业研发经费的比重（%）	10.27	8.40	3	9
每万名就业人员累计孵化企业数（家）	3.70	3.76	3	3
科学研究和技术服务业平均工资比较系数（%）	89.12	91.38	9	9
实际使用外资金额占GDP比重（%）	2.85	3.10	2	2
每万人互联网宽带接入用户数（万户）	0.39	0.44	4	2

十一、日照市

（一）科技创新发展情况

2020年，日照市聚焦科技自立自强，强化科技战略支撑，扎实推进科技改革攻坚，全面提升科技创新能力，稳步实施新旧动能转换，主要科技指标稳定增长，科技合作与人才引育取得新成效。日照市综合科技创新水平指数为79.64%，继续保持全省第11位，与上年相比，提高了19.81个百分点。

创新产出成效显著。创新产出指数为146.40%，较上年提高69.05个百分点，保持全省第6位。发明专利申请量较上年增长近1倍，每亿元GDP发明专利申请数较上年提升7个位次，每万人发明专利拥有量较上年增长3.60件，位次上升1位。每亿元GDP年登记技术合同成交额较上年增长88.01%，保持全省第3位。

创新绩效水平提高。创新绩效指数为54.17%，较上年提高18.51个百分点，位次较上年上升3位。万元GDP综合能耗较上年降低率位次上升11位，居全省第2位。电子商务销售额占GDP比重较上年提高0.12个百分点，居全省第13位。全员劳动生产率较上年提高0.42个百分点，保持全省第7位。但规模以上高新技术产业产值占规模以上工业产值比重明显偏低，居全省末位，应加快新旧动能转换步伐，进一步优化产业结构，推动经济高质量发展。

创新投入持续增加。创新资源指数为60.85%，较上年提高3.53个百分点，居全省第6位，较上年上升1位。全社会R&D经费支出持续增长，占GDP的比重超过3%，居全省第3位。研发人员持续增长，较上年增长24.00%，每万名就业人员中研发人员数较上年提高9.60人年。但是地方财政科技支出减少1.62%，占公共财政支出的比重也呈下降态势，需引起政府部门的重视。

创新环境有待进一步优化。创新环境指数为79.35%，较上年提高15.45个百分点，位次下降1位，居全省第14位。高新技术企业减免税下降64.4%，每万名就业人员累计孵化企业数位次下滑1位。需进一步落实普惠性科技创新政策，完善人才激励机制和服务保障体系，积极探索科研人员成果转化效益分配方式，充分调动科研人员创新创业积极性，营造良好的创新创业氛围。

企业创新能力需进一步增强。企业创新指数为67.66%，较上年提高1.91个百分点，位次下降3位，居全省第12位。规模以上工业企业R&D经费支出占营业收入的比重位次下滑5位，规模以上工业企业新产品销售收入占营业收入比重较上年下降

1.14 个百分点,位次降至全省第 15 位。应强化企业在创新中的主体地位,鼓励企业建立研发机构,加大研发投入,积极开展研发活动,进一步增强企业自主创新能力。

图 3-11 为日照市一级评价指标与上年水平比较情况。

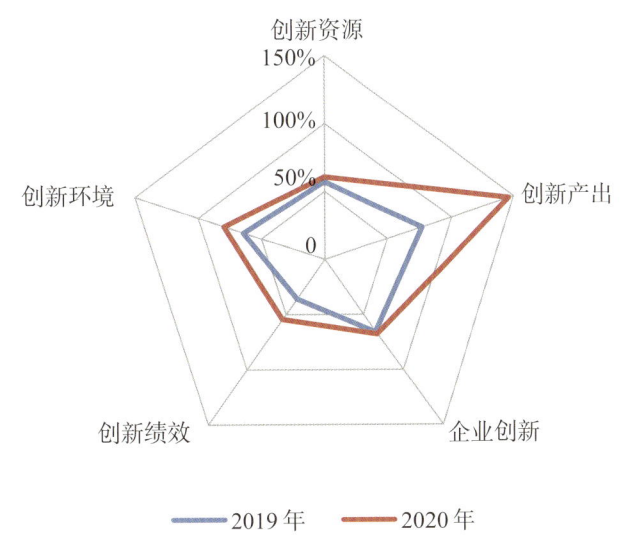

图 3-11 日照市一级评价指标与上年水平比较情况

(二)创新发展主要指标分析及位次

地区生产总值 2006.43 亿元,居全省第 15 位。全员劳动生产率 12.02 万元/人,居全省第 7 位。万元 GDP 综合能耗较上年降低率为 9.67%,跃居全省第 2 位。

地区研发人员 8060.9 人年,居全省第 14 位。每万名就业人员中研发人员数 48.29 人年,居全省第 9 位。规模以上工业企业 R&D 人员占规模以上工业企业从业人员比重为 9.44%,居全省第 2 位。

全社会 R&D 经费支出 62.01 亿元,较上年增长 12.45%,占 GDP 比重为 3.09%,居全省第 3 位。基础研究经费支出占 R&D 经费支出的比重为 0.29%,比上年提高 0.05 个百分点,居全省第 15 位。地方财政科技支出占公共财政支出的比重为 3.14%,居全省第 3 位。规模以上工业企业 R&D 经费支出占营业收入的比重为 1.29%,比上年下降 0.23 个百分点,居全省第 13 位。

高新技术企业 296 家,较上年增加 77 家,总数居全省第 12 位。每万家企业法人单位中高新技术企业数 39.69 家,较上年增加 2.39 家,居全省第 10 位。规模以上高新技术产业产值占规模以上工业产值比重为 17.83%,较上年下降 1.11 个百分点，居全省第 16 位。

重要科技创新平台 41 家，其中省级以上重点实验室 2 家、省级创新创业共同体 1 家、省级以上技术创新中心 1 家、省级以上科技企业孵化器 6 家、省级以上众创空间 11 家、院士工作站 20 家。

每亿元 GDP 发明专利申请数为 0.97 件，较上年增加 0.46 件，居全省第 6 位。每万人发明专利拥有量为 7.13 件，较上年增加 3.60 件，居全省第 9 位。年登记技术合同成交额 77.25 亿元，较上年增长 93.51%。

每万名就业人员累计孵化企业数 3.01 家，居全省第 6 位。省级以上科技企业孵化器累计毕业企业数 503 家，居全省第 9 位。科学研究和技术服务业平均工资比较系数为 95.07%，居全省第 5 位。实际使用外资金额 4.67 亿美元，占 GDP 的比重为 1.60%，比上年提高 0.94 个百分点，居全省第 5 位。

表 3-11 为日照市各级指标值和位次与上年比较情况。

（三）产业发展情况

三次产业发展结构优化，乡村振兴全面推进，农业生产总体稳中向好，工业生产快速增长，经济效益大幅提升，服务业成为主引擎，重点行业恢复良好。

强抓动能转换，产业质效稳步提升。深入实施先进钢铁产业绿色发展攻坚行动，山钢、日钢超低排放改造全面完成。汽车零部件、阳光海岸带精品旅游纳入省"十强"产业"雁阵形"集群，五征集团、美佳集团入选省"十强"产业领军企业。"四新"经济增加值占 GDP 的比重达到 28.53%，新经济快速增长，新一代信息技术、新能源材料、高端化工和高端装备等新兴产业增加值分别增长 25.70%、15.70%、16.40% 和 11.10%。

当前，工业行业发展不平衡，部分企业生产经营困难，投资增长点少，经济发展后劲不足，经济稳步向好的基础还不牢固，产业结构不够优化等问题仍然存在。

今后，要加速先进制造业崛起，推动产业聚集，做强做优特色产业集群，培育壮大新兴产业，大力发展数字经济，发挥能链集团、"京东服务+"等平台的示范带动作用，积极引进数字经济领军企业布局研发中心、生产基地、"第二总部"。优化提升优势产业，突破发展新型产业，加快钢铁、汽车、石化等产业聚集，向高端化发展，培育壮大生物医药、医疗器械、新一代信息技术产业、人工智能、半导体芯片等行业。

表 3-11 日照市各级指标值和位次与上年比较

指标名称	指标值 上年	指标值 当年	位次 上年	位次 当年
综合科技创新水平指数（%）	59.84	79.64	11	11
创新资源指数（%）	57.32	60.85	7	6
全社会研发（R&D）经费支出占地区生产总值（GDP）的比重（%）	2.83	3.09	2	3
地方财政科技支出占公共财政支出的比重（%）	3.42	3.14	6	3
每万名就业人员中研发人员数（人年）	38.69	48.29	9	9
基础研究经费支出占R&D经费支出的比重（%）	0.24	0.29	15	15
创新产出指数（%）	77.35	146.40	6	6
每亿元GDP年登记技术合同成交额（万元）	204.78	385.01	3	3
每亿元GDP发明专利申请数（件）	0.50	0.97	13	6
每万人发明专利拥有量（件）	3.53	7.13	10	9
企业创新指数（%）	65.75	67.66	9	12
规模以上工业企业R&D经费支出占营业收入的比重（%）	1.52	1.29	8	13
规模以上工业企业R&D人员占规模以上工业企业从业人员比重（%）	7.01	9.44	6	2
每万家企业法人单位中高新技术企业数（家）	37.30	39.69	9	10
有研发机构的规模以上工业企业占规模以上工业企业比重（%）	9.80	11.54	10	10
规模以上工业企业新产品销售收入占营业收入比重（%）	8.21	7.07	14	15
创新绩效指数（%）	35.66	54.17	16	13
规模以上高新技术产业产值占规模以上工业产值比重（%）	18.94	17.83	16	16
电子商务销售额占GDP比重（%）	8.35	8.47	13	13
全员劳动生产率（万元/人）	11.60	12.02	7	7
万元GDP综合能耗较上年降低率（%）	2.57	9.67	13	2
创新环境指数（%）	63.90	79.35	13	14
规模以上工业企业研发费用加计扣除减免税占企业研发经费的比重（%）	3.77	4.55	15	15
每万名就业人员累计孵化企业数（家）	3.06	3.01	5	6
科学研究和技术服务业平均工资比较系数（%）	61.14	95.07	16	5
实际使用外资金额占GDP比重（%）	0.66	1.60	8	5
每万人互联网宽带接入用户数（万户）	0.30	0.33	9	8

十二、临沂市

（一）科技创新发展情况

2020年，临沂市坚持以全面提升区域创新能力为目标，着力打造"政产学研金服用"全要素融合科技创新体系，制定"才聚沂蒙"23条，搭建沂蒙创新研究院、博士创业园和人才金融"1+N"服务平台，引进各类高层次科技创新人才300余人，新培育泰山产业领军人才18人。临沂市综合科技创新水平指数为56.92%，较上年提高了13.56个百分点，居全省第15位。

创新环境进一步优化。创新环境指数为91.24%，较上年提高32.47个百分点，提升6个位次，居全省第10位。实际使用外资金额占GDP比重提高0.76个百分点，位次上升5位。规模以上工业企业研发费用加计扣除减免税和高新技术企业减免税较上年有较大增长，每万名就业人员累计孵化企业数和每万人互联网宽带接入用户数均提升1个位次，科技服务业平均工资水平有一定增长。良好的创新环境不仅吸引了外资来临投资，还提升了研发人员的创新能动性。

创新投入有一定增长。创新资源指数为34.93%，较上年提高7.89个百分点，居全省第14位。基础研究经费支出占R&D经费支出的比重较上年提高0.62个百分点，位次跃至全省第8位，较上年上升4位。每万名就业人员中研发人员数较上年增加5.73人年。地方财政科技支出占公共财政支出的比重提高2个位次。全社会研发经费支出较上年有较大增长幅度，但由于基础较弱，研发经费总量依然不高，研发经费支出占比略高于2%。需进一步加大研发投入力度，加快创新政策的有效落实，提高企业开展研发活动的积极性。

企业创新能力有所提升。企业创新指数为67.18%，较上年提高10.72个百分点，下滑1个位次，居全省第13位。高新技术企业增加179家，规模以上工业企业R&D经费支出较上年增长33.51%，占营业收入比重较上年提高0.29个百分点。规模以上工业企业新产品销售收入占营业收入比重较上年提高1.58个百分点，居全省第11位。规模以上工业企业R&D人员占规模以上工业企业从业人员比重较上年提高 2.03 个百分点。有研发机构企业占比虽有增长但增长缓慢，有研发机构的企业偏少，企业研发能力较弱。应强化部门协同、上下联动机制，进一步提升企业的研发投入水平，增强企业的自主创新能力。

创新产出成效不明显。创新产出指数为 47.55%，较上年提高 24.18 个百分点，居全省第 16 位。每万人发明专利拥有量、每亿元 GDP 发明专利申请数和每亿元 GDP 年登记技术合同成交额分别居全省第 14、15 和 16 位，虽然指标值较上年有所增长，但增长缓慢，排名较靠后。需激发创新主体科技成果转移转化积极性，加强技术转移及知识产权等专业化机构和人才队伍建设，提升专利等科技产出的成效。

创新绩效水平有待提升。创新绩效指数为 46.52%，较上年下降 1.75 个百分点，位次下滑 3 位，居全省第 15 位。万元 GDP 综合能耗较上年降低率位次下降 3 位。规模以上高新技术产业产值占规模以上工业产值比重位次下降 4 位。全员劳动生产率不高，万元 GDP 综合能耗较上年降低率收窄。需进一步优化能源结构，淘汰落后产能，推动产业转型升级，提升高新技术产业化水平和效益。

图 3-12 为临沂市一级评价指标与上年水平比较情况。

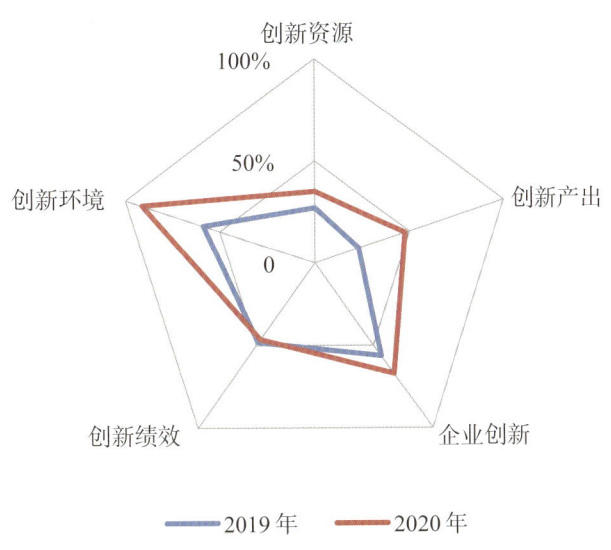

图 3-12 临沂市一级评价指标与上年水平比较情况

（二）创新发展主要指标分析及位次

地区生产总值4805.25亿元，居全省第5位。全员劳动生产率为7.73万元/人，居全省第15位。万元GDP综合能耗较上年降低率为3.15%，居全省第13位。

地区研发人员15 446.3人年，居全省第8位。每万名就业人员中研发人员数为24.86人年，居全省第15位。规模以上工业企业R&D人员占规模以上工业企业从业人员比重为5.89%，居全省第13位。

全社会R&D经费支出96.85亿元，较上年增长23.83%，占GDP比重为2.02%，较上年提高0.32个百分点，居全省第12位。R&D经费中基础研究经费占比为1.26%，居全省第8位。地方财政科技支出占公共财政支出的比重为1.08%，居全省第12位。规模以上工业企业R&D经费支出占营业收入的比重为1.76%，居全省第9位。

高新技术企业718家，居全省第6位。每万家企业法人单位中高新技术企业数33.85家，居全省第11位。规模以上高新技术产业产值占规模以上工业产值比重为40.02%，较上年提高0.07个百分点，居全省第11位。

重要科技创新平台70家，其中省级以上重点实验室9家、省级创新创业共同体1家、省级以上技术创新中心3家、省级以上科技企业孵化器16家、省级以上众创空间17家、院士工作站23家、省级国际科技合作基地1家。

每亿元GDP发明专利申请数为0.57件，较上年增加0.10件，居全省第15位。每万人发明专利拥有量为3.90件，较上年增加0.89件，居全省第14位。年登记技术合同成交额52.73亿元，较上年增长166.99%。

每万名就业人员累计孵化企业数1.39家，居全省第10位。省级以上科技企业孵化器累计毕业企业数863家，居全省第6位。科学研究和技术服务业平均工资比较系数为84.54%，居全省第13位。实际使用外资金额9.32亿美元，占GDP比重为1.34%，比上年提高0.76个百分点，居全省第6位。

表3-12为临沂市各级指标值和位次与上年比较情况。

（三）产业发展情况

三次产业发展结构优化向好。农业相对稳定，农林牧渔业总产值增长3.90%，增速高于上年3.10个百分点，工业平稳增长，服务业稳步回升，对临沂经济贡献率超过70%。

新动能转换取得新进展，新产业新业态快速增长。现代服务业、战略性新兴产业和高技术服务业分别实现同比增长6.00%、7.60%和10.90%，规模以上高新技术产业产值占比达40.02%。推进集群化发展，临沂电子元器件及其功能材料产业集群获批国家级创新型产业集群试点，临沂生物医药、经开区工程机械制造、沂水地质文化旅游和临沭新型肥料入选省"十强"产业"雁阵形"集群。

当前，经济发展仍存在回升力度有所减弱、企业运营压力加大、需求恢复相对较慢、部分重点领域投资仍然乏力、有效需求不足等问题。

今后，应实施产业基础再造和产业链提升工程，加快临沂"由大到强、由美到富、由新到精"战略性转变，推动产业向"集群化发展、园区化集聚、高端化改造、品牌化提升、科技化引领"迈进，龙头骨干企业带动走强，推动产业园区、综合配套建成。特别是发挥木业、精品钢等产业转型示范效应，促进农副产品、建筑建材、装备制造、高端化工、文旅健康等产业焕发新活力，推动工业经济稳定增长、技术含量不断提高。

表 3-12 临沂市各级指标值和位次与上年比较

指标名称	指标值		位次	
	上年	当年	上年	当年
综合科技创新水平指数（%）	43.35	56.92	15	15
创新资源指数（%）	27.04	34.93	14	14
全社会研发（R&D）经费支出占地区生产总值（GDP）的比重（%）	1.70	2.02	13	12
地方财政科技支出占公共财政支出的比重（%）	0.82	1.08	14	12
每万名就业人员中研发人员数（人年）	19.13	24.86	15	15
基础研究经费支出占 R&D 经费支出的比重（%）	0.64	1.26	12	8
创新产出指数（%）	23.37	47.55	16	16
每亿元 GDP 年登记技术合同成交额（万元）	42.93	109.73	16	16
每亿元 GDP 发明专利申请数（件）	0.47	0.57	15	15
每万人发明专利拥有量（件）	3.01	3.90	15	14
企业创新指数（%）	56.46	67.18	12	13
规模以上工业企业 R&D 经费支出占营业收入的比重（%）	1.46	1.76	9	9
规模以上工业企业 R&D 人员占规模以上工业企业从业人员比重（%）	3.86	5.89	13	13
每万家企业法人单位中高新技术企业数（家）	35.70	33.85	11	11
有研发机构的规模以上工业企业占规模以上工业企业比重（%）	4.73	6.66	16	16
规模以上工业企业新产品销售收入占营业收入比重（%）	16.81	18.39	9	11
创新绩效指数（%）	48.28	46.52	12	15
规模以上高新技术产业产值占规模以上工业产值比重（%）	39.95	40.02	7	11
电子商务销售额占 GDP 比重（%）	8.51	9.17	12	12
全员劳动生产率（万元/人）	7.38	7.73	15	15
万元 GDP 综合能耗较上年降低率（%）	4.30	3.15	10	13
创新环境指数（%）	58.77	91.24	16	10
规模以上工业企业研发费用加计扣除减免税占企业研发经费的比重（%）	3.91	7.46	14	10
每万名就业人员累计孵化企业数（家）	1.19	1.39	11	10
科学研究和技术服务业平均工资比较系数（%）	80.29	84.54	11	13
实际使用外资金额占 GDP 比重（%）	0.58	1.34	11	6
每万人互联网宽带接入用户数（万户）	0.26	0.30	13	12

十三、德州市

（一）科技创新发展情况

2020年，德州市坚持创新引领，以建设国家创新型城市为目标，制定出台《德州市创建国家创新型城市三年行动计划》，加大企业研发投入，启动"政产学研金服用"创新创业共同体建设，积极培育高新技术企业，推进科技成果转移转化，获批马铃薯技术创新中心、体育用品技术创新中心、太阳能热利用技术创新中心3家省技术创新中心。13家机构获省级新型研发机构备案。德州市综合科技创新水平指数为70.66%，较上年提高了8.45个百分点，居全省第14位。

企业创新能力进一步增强。企业创新指数为101.57%，较上年提高8.05个百分点，保持全省第4位。规模以上工业企业R&D人员占规模以上工业企业从业人员比重和规模以上工业企业R&D经费支出占营业收入的比重均居全省首位，规模以上工业企业R&D经费支出居全省第5位，增长较快，每万家企业法人单位中高新技术企业数较上年增长4家，上升1位，新产品销售收入略有增长，占营业收入的比重达到24.64%，居全省第6位。但规模以上工业企业中有研发机构企业不足，占比较低，应引起重视。

创新投入稳步增长。创新资源指数为54.28%，较上年提高5.24个百分点，保持全省第10位。全社会研发（R&D）经费支出增长较快，占地区生产总值（GDP）的比重提升3个位次，每万名就业人员中研发人员数较上年增长10.62人年，基础研究经费支出翻了一番，占R&D经费支出的比重较上年提高0.20个百分点。但地方财政科技支出及占公共财政支出的比重双下降，应制定相关措施，保障地方财政科技支出稳步增长，推动全社会加大研发投入。

创新产出有所提升。创新产出指数为71.81%，较上年提高32.66个百分点，居全省第15位。技术合同成交额及每亿元GDP年登记技术合同成交额均较上年翻了一番，发明专利申请量增长了25.11%，每万人发明专利拥有量较上年增加0.50件。创新产出的效率较高，但创新产出实力不强，应加快技术成果的转移转化，加强产学研合作力度，让更多技术成果落地。

创新绩效不突出。创新绩效指数为 59.32%，较上年提高 5.28 个百分点，下降 3 个位次，居全省第 12 位。全员劳动生产率略有提高，万元 GDP 综合能耗较上年降低率下降 2 位，居全省第 9 位，规模以上高新技术产业产值占规模以上工业产值比重提高 4.96 个百分点。需加大经济结构调整力度，淘汰、取缔落后产能，推动绿色循环低碳发展，提升高新技术产业化水平。

创新环境亟待改善。创新环境指数为 53.80%，较上年下降 10.17 个百分点，位次下降 4 位，居全省末位。科学研究和技术服务业平均工资比较系数较上年下降 9.27 个百分点，位次下降 6 位，每万名就业人员累计孵化企业数下降，实际使用外资金额增幅较高，但规模较小。应提高科研人员的合理待遇，加强对创新政策的宣传和培训，提高政策实效，鼓励各级孵化器打造特色孵化模式，梯次培育科技型中小企业、高新技术企业等科技型企业队伍，营造良好的营商环境和创新氛围。

图 3-13 为德州市一级评价指标与上年水平比较情况。

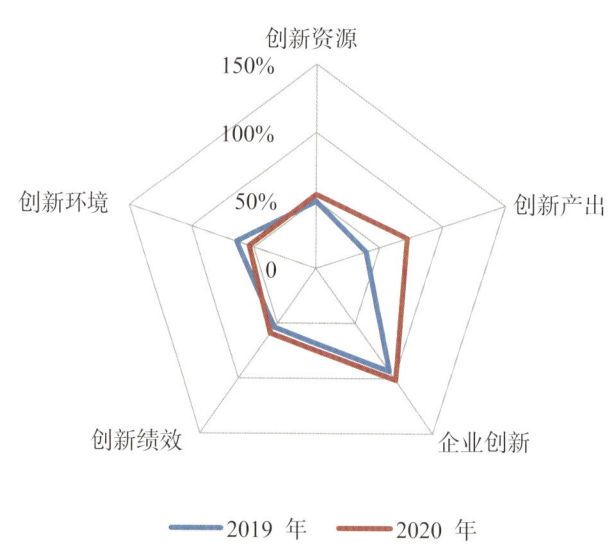

图 3-13　德州市一级评价指标与上年水平比较情况

（二）创新发展主要指标分析及位次

地区生产总值 3078.99 亿元，居全省第 9 位。全员劳动生产率为 9.37 万元/人，居全省第 11 位。万元 GDP 综合能耗较上年降低率为 5.87%，居全省第 9 位。

地区研发人员 15 155.0 人年，居全省第 9 位。每万名就业人员中研发人员数为 46.13 人年，居全省第 12 位。规模以上工业企业 R&D 人员占规模以上工业企业从业人员比重为 9.54%，居全省第 1 位。

全社会 R&D 经费支出 98.91 亿元，较上年增长 31.54%，占地区生产总值（GDP）的比重为 3.21%，较上年提高 0.72 个百分点，居全省第 2 位。R&D 经费中基础研究经费占比为 0.54%，居全省第 14 位。地方财政科技支出占公共财政支出的比重为 1.95%，保持全省第 9 位。规模以上工业企业 R&D 经费支出占营业收入的比重为 3.20%，位次提升至全省第 1 位。

高新技术企业 350 家，比上年增加 105 家，增量居全省第 9 位。每万家企业法人单位中高新技术企业数 39.79 家，居全省第 9 位。规模以上高新技术产业产值占规模以上工业产值比重为 43.44%，居全省第 7 位，较上年提高 4.96 个百分点。

重要科技创新平台 46 家，其中省级以上重点实验室 7 家、省级创新创业共同体 1 家、省级以上技术创新中心 3 家、省级以上科技企业孵化器 9 家、省级以上众创空间 13 家、院士工作站 10 家、省级国际科技合作基地 3 家。

每亿元 GDP 发明专利申请数为 0.57 件，较上年增加 0.11 件，居全省第 14 位。每万人发明专利拥有量为 3.55 件，较上年增加 0.50 件，居全省第 15 位。年登记技术合同成交额 57.16 亿元，较上年增长 107.55%。

每万名就业人员累计孵化企业数 0.83 家，居全省第 12 位，省级以上科技企业孵化器累计毕业企业数 273 家，居全省第 12 位。科学研究和技术服务业平均工资比较系数为 88.33%，居全省第 11 位。实际使用外资金额 2.66 亿美元，占 GDP 比重为 0.60%，比上年提高 0.23 个百分点。

表 3-13 为德州市各级指标值和位次与上年比较情况。

（三）产业发展情况

三次产业发展运行全面恢复。农业生产总体稳定，工业生产快速回升，全年规模以上工业增加值增长 5.5%，服务业快速恢复，全年规模以上服务业营收增长 7.4%。

动能转换发展提速。高质量编制新型工业化强市建设三年行动计划，在全省率先推行链长制，细分 33 个产业链，实施"双 50 强企业"培植三年行动，制定工业强市 20 条，平台类、产业链项目加快聚集。全年高技术制造业增加值增长 16.2%，高于规模以上工业 10.7 个百分点，"四新"经济增加值增长 10.7%、占 GDP 比重提高 2.19 个百分点。通裕重工与东方电气、珠海港集团合作，实现风电装备全产业链德州造，京鲁数谷、京德数谷、黄河生态数字港、腾讯云工业云基地等数字经济平台加快建设。

当前，工业稳增长仍需加力，投资下行压力依然较大，消费受疫情影响仍未消除。

今后，需围绕短板和难点，开展精准施策。加快实施新型工业化强市三年行动，聚焦"541"产业体系，深入实施产业链提升、制造业提升、领军企业培育"三大工程"。营造良好的投资环节，深化"放管服"改革，准确把握消费升级新特点、新趋势，深挖消费潜力，推动新一代信息技术、高端装备制造、新能源与节能环保、新材料、医养健康等产业加速崛起、扩容倍增，培育形成新动能主体力量。

表 3-13 德州市各级指标值和位次与上年比较

指标名称	指标值		位次	
	上年	当年	上年	当年
综合科技创新水平指数（%）	62.21	70.66	8	14
创新资源指数（%）	49.04	54.28	10	10
全社会研发（R&D）经费支出占地区生产总值（GDP）的比重（%）	2.49	3.21	5	2
地方财政科技支出占公共财政支出的比重（%）	2.63	1.95	9	9
每万名就业人员中研发人员数（人年）	35.51	46.13	11	12
基础研究经费支出占R&D经费支出的比重（%）	0.34	0.54	14	14
创新产出指数（%）	39.15	71.81	13	15
每亿元GDP年登记技术合同成交额（万元）	91.12	185.65	13	15
每亿元GDP发明专利申请数（件）	0.47	0.57	14	14
每万人发明专利拥有量（件）	3.05	3.55	14	15
企业创新指数（%）	93.52	101.57	4	4
规模以上工业企业R&D经费支出占营业收入的比重（%）	2.61	3.20	2	1
规模以上工业企业R&D人员占规模以上工业企业从业人员比重（%）	7.50	9.54	4	1
每万家企业法人单位中高新技术企业数（家）	35.79	39.79	10	9
有研发机构的规模以上工业企业占规模以上工业企业比重（%）	10.07	7.49	8	14
规模以上工业企业新产品销售收入占营业收入比重（%）	24.65	24.64	3	6
创新绩效指数（%）	54.05	59.32	9	12
规模以上高新技术产业产值占规模以上工业产值比重（%）	38.48	43.44	8	7
电子商务销售额占GDP比重（%）	10.65	11.97	10	10
全员劳动生产率（万元/人）	8.99	9.37	11	11
万元GDP综合能耗较上年降低率（%）	5.54	5.87	7	9
创新环境指数（%）	63.97	53.80	12	16
规模以上工业企业研发费用加计扣除减免税占企业研发经费的比重（%）	4.27	2.98	13	16
每万名就业人员累计孵化企业数（家）	1.50	0.83	9	12
科学研究和技术服务业平均工资比较系数（%）	97.60	88.33	5	11
实际使用外资金额占GDP比重（%）	0.37	0.60	15	15
每万人互联网宽带接入用户数（万户）	0.27	0.30	11	13

十四、聊城市

（一）科技创新发展情况

2020年，聊城市努力推进"科技创新攻坚行动"，不断激发全社会创新创业活力，科技创新支撑引领作用进一步增强，高新技术产业不断壮大，创新平台体系持续完善，积极推动研发机构全覆盖，出台了《聊城市人民政府关于推进创新型城市建设若干措施的通知》《聊城市高新技术企业培育三年行动计划（2020—2022年）》《聊城市创新创业共同体认定管理暂行办法》等8个政策文件，科技创新能力进一步增强。聊城市综合科技创新水平指数为84.22%，较上年提高36.37个百分点，居全省第8位，上升6个位次。

企业创新能力增强。企业创新指数为103.83%，较上年提高52.13个百分点，居全省第3位，较上年上升12位。创新政策有效落实，有研发机构的规模以上工业企业增长很快，占规模以上工业企业比重较上年提高21.02个百分点，位次上升12位，居全省第3位。规模以上工业企业新产品销售收入占营业收入比重较上年提升11.72个百分点，位次上升8位，居全省第3位。规模以上工业企业研发经费支出较上年增长62.14%，企业研发投入水平提升，但高新技术企业培育力度不高，高企数量不足。应加快科技型企业的培育，壮大科技型企业队伍，提升全市企业创新能力。

创新产出稳步提高。创新产出指数为136.63%，较上年提高70.91个百分点，居全省第7位，较上年上升2位。每亿元GDP年登记技术合同成交额较上年增长124.26%。每亿元GDP发明专利申请数较上年增长0.16件，位次上升1位。每万人发明专利拥有量提高0.85件。

创新绩效水平持续提升。创新绩效指数为64.55%，较上年提高28.78个百分点，居全省第9位，位次上升6位。万元GDP综合能耗较上年降低率提升13个位次，居全省第3位。规模以上高新技术产业产值占规模以上工业产值比重较上年提高9.79个百分点，位次上升3位。全员劳动生产率不高，需引起重视。

创新资源增势良好。创新资源指数为42.36%，较上年提高15.69个百分点，居全省第12位，较上年上升3位。全社会研发（R&D）经费支出增长幅度居全省首位，占地区生产总值（GDP）的比重位次提升7位，居全省第4位。基础研究经费较上年翻了一番，占比超过了1%。每万名就业人员中研发人员数较上年增长20.05人年，但地方财政科技支出占公共财政支出的比重较上年下降0.04个百分点。需发挥财政科技资金杠杆作用，统筹各类科技创新发展资金，加大财政科技投入力度。

创新环境尚需改善。创新环境指数为70.30%，较上年提高7.26个百分点，居全省第15位。每万名就业人员累计孵化企业数仍居全省末位，实际使用外资金额占GDP比重和每万人互联网宽带接入用户数均居全省第14位，排名靠后。应加快完善普惠性政策，细化政策措施，加大政策宣传，扩大享受优惠政策的覆盖面，积极吸引外资，加大改革开放，营造良好的营商环境。

图3-14为聊城市一级评价指标与上年水平比较情况。

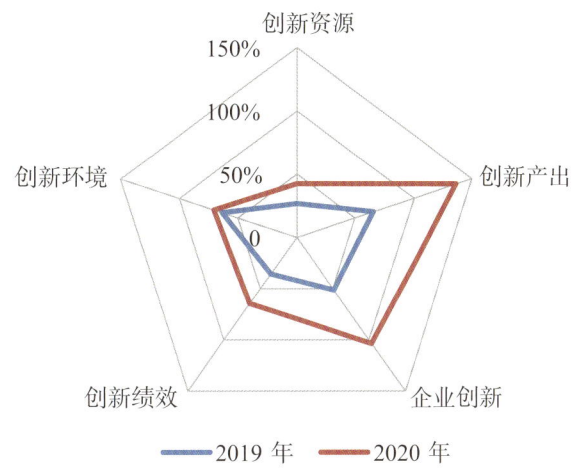

图3-14　聊城市一级评价指标与上年水平比较情况

（二）创新发展主要指标分析及位次

地区生产总值2316.84亿元，居全省第14位。全员劳动生产率为8.01万元/人，居全省第14位。万元GDP综合能耗较上年降低率为8.63%，居全省第3位。

地区研发人员11 436.0人年，居全省第12位。每万名就业人员中研发人员数为39.56人年，居全省第13位。规模以上工业企业R&D人员占规模以上工业企业从业人员比重为6.51%，居全省第10位。

全社会R&D经费支出68.25亿元，较上年增长61.72%，占地区生产总值（GDP）的比重为2.95%，较上年提高1.08个百分点，居全省第4位。R&D经费中基础研究经费占比为1.20%，居全省第9位。地方财政科技支出占公共财政支出的比重为0.44%，保持全省第15位。规模以上工业企业R&D经费支出占营业收入的比重为1.86%，居全省第7位。

高新技术企业267家，居全省第13位，比上年增加65家。每万家企业法人单位中高新技术企业数26.59家，居全省第15位。规模以上高新技术产业产值占规模以上工业产值比重为42.03%，居全省第9位，较上年提高9.79个百分点。

重要科技创新平台35家，其中省级以上重点实验室6家、省级创新创业共同体1家、省级以上技术创新中心2家、省级以上科技企业孵化器4家、省级以上众创空间10家、院士工作站12家。

每亿元GDP发明专利申请数为0.78件，较上年增加0.16件，居全省第8位。每万人发明专利拥有量为3.91件，居全省第13位。年登记技术合同成交额87.23亿元，较上年增长129.92%。

每万名就业人员累计孵化企业数0.59家，居全省第16位。省级以上科技企业孵化器累计毕业企业数170家，居全省第15位。科学研究和技术服务业平均工资比较系数为121.29%，居全省第3位。实际使用外资金额2.08亿美元，占GDP比重为0.62%，比上年提高0.40个百分点。

表3-14为聊城市各级指标值和位次与上年比较情况。

（三）产业发展情况

三次产业发展保持平稳，转型升级稳步推进。农业生产总体稳定，转型升级不断加快，工业运行持续向好，动能转换加快推进，服务业持续恢复，新兴行业增势强劲。

实施制造业强市战略，新旧动能转换初见成效。产业结构显著优化，"四新"经济增加值增长10.4%，占GDP比重29.9%。新能源汽车、先进有色金属材料、精细化工入选省"十强"产业"雁阵形"集群。"十强"产业增加值增长5.3%，占GDP比重33.5%，比上年提高0.9个百分点。"十强"产业和九大产业集群投资分别增长33.7%和31.8%，增速比全部投资分别快26.9和25个百分点。

当前，产业转型升级任务艰巨，产业机构仍需提高，有效需求支撑不足，企业运营困难增多。

今后，应围绕制造业十大重点产业，实行产业链"链长制"，统筹推进产业链重点企业培育、招商引资、项目建设、人才引进、技术创新、园区配套等事项，着力打造特色产业集群。持续开展营商环境提升行动，积极承接北京非首都功能疏散和发达地区产业转移，稳定外贸市场，探索融入黄河流域生态保护和高质量发展、省会经济圈一体化发展，争取更多好项目落地聊城。

区域综合科技创新水平分析 | 第三部分

表 3-14 聊城市各级指标值和位次与上年比较

指标名称	指标值 上年	指标值 当年	位次 上年	位次 当年
综合科技创新水平指数（％）	47.85	84.22	14	8
创新资源指数（％）	26.67	42.36	15	12
全社会研发（R&D）经费支出占地区生产总值（GDP）的比重（％）	1.87	2.95	11	4
地方财政科技支出占公共财政支出的比重（％）	0.48	0.44	15	15
每万名就业人员中研发人员数（人年）	19.52	39.56	14	13
基础研究经费支出占R&D经费支出的比重（％）	0.97	1.20	8	9
创新产出指数（％）	65.72	136.63	9	7
每亿元GDP年登记技术合同成交额（万元）	167.89	376.50	6	4
每亿元GDP发明专利申请数（件）	0.62	0.78	9	8
每万人发明专利拥有量（件）	3.06	3.91	13	13
企业创新指数（％）	51.70	103.83	15	3
规模以上工业企业R&D经费支出占营业收入的比重（％）	1.20	1.86	13	7
规模以上工业企业R&D人员占规模以上工业企业从业人员比重（％）	4.33	6.51	11	10
每万家企业法人单位中高新技术企业数（家）	27.64	26.59	14	15
有研发机构的规模以上工业企业占规模以上工业企业比重（％）	5.37	26.39	15	3
规模以上工业企业新产品销售收入占营业收入比重（％）	15.49	27.21	11	3
创新绩效指数（％）	35.77	64.55	15	9
规模以上高新技术产业产值占规模以上工业产值比重（％）	32.24	42.03	12	9
电子商务销售额占GDP比重（％）	13.07	12.62	7	9
全员劳动生产率（万元/人）	7.54	8.01	14	14
万元GDP综合能耗较上年降低率（％）	−8.48	8.63	16	3
创新环境指数（％）	63.04	70.30	14	15
规模以上工业企业研发费用加计扣除减免税占企业研发经费的比重（％）	4.87	4.93	11	14
每万名就业人员累计孵化企业数（家）	0.50	0.59	16	16
科学研究和技术服务业平均工资比较系数（％）	96.84	121.29	6	3
实际使用外资金额占GDP比重（％）	0.22	0.62	16	14
每万人互联网宽带接入用户数（万户）	0.26	0.29	15	14

十五、滨州市

（一）科技创新发展情况

2020年，滨州市全面激发科技创新动力，成立由市政府主要领导任组长的市科技领导小组，强化对重大科技创新事项的顶层设计、顶格协调、统筹推进。出台《滨州市"政产学研金服用"创新创业共同体建设实施方案》《推进市级财政科技创新资金整合实施方案》《滨州市渤海科技创新券使用管理办法》等，"1+1+N"科创政策体系的"风向标"作用不断放大，邹平高端铝材产业基地获批全省第一家国家高新技术产业化基地。滨州市综合科技创新水平指数为85.65%，较上年提高24.40个百分点，居全省第7位，位次上升2位。

创新产出成效显著。创新产出指数为121.15%，是上年的近4倍，居全省第8位，较上年提升6个位次。每亿元GDP年登记技术合同成交额居全省第7位，上升8个位次，增速居全省第1位。每万人发明专利拥有量较上年增长2.29件，保持全省第8位。每亿元GDP发明专利申请数提高0.12件。但是各指标存量仍显不足，需加强总体实力。

企业创新稳步提升。企业创新指数为83.46%，较上年提高31.26个百分点，居全省第10位，较上年上升4位。有研发机构的规模以上工业企业占规模以上工业企业比重翻了一番，居全省第1位。规模以上工业企业R&D人员占规模以上工业企业从业人员比重较上年提高2.50个百分点，位次提升1位，居全省第8位。企业研发经费虽有较大增长，但总量规模偏小，占比也不高，位次较落后，高新技术企业存量不足。需进一步加大企业研发投入力度，积极培育壮大科技型企业队伍，提高企业自主创新能力。

创新投入持续增长。创新资源指数为76.34%，较上年提高14.81个百分点，居全省第3位。全社会研发（R&D）经费支出增长较快，占地区生产总值（GDP）的比重达3.36%，连续2年居全省前列。地方财政科技支出占公共财政支出的比重提高0.27个百分点，位次上升4位，居全省第1位。每万名就业人员中研发人员数较上年提高 24.96 人年，增量居全省第 2 位。

创新绩效水平亟待提升。创新绩效指数为 68.77%，较上年提高 2.89 个百分点，居全省第 8 位。规模以上高新技术产业产值占规模以上工业产值比重较上年提高 9.58 个百分点，位次上升 4 位。万元 GDP 综合能耗较上年降低率收窄，位次下降较大。电子商务销售额占 GDP 比重下降 2 位，全员劳动生产率处于全省中游水平。需持续推动主导产业向战略性新兴产业转型，传统产业向优势产业升级，提高高新技术产业化水平。积极探索电子商务与传统优势产业深度融合发展，稳步推进电子生活信息化水平。

创新环境亟待改善。创新环境指数为 81.99%，较上年下降 19.47 个百分点，在全省下降幅度最大，居全省第 12 位，位次下降 5 位。每万名就业人员累计孵化企业数较上年减少 0.23 家，位次下降 1 位。实际使用外资金额占 GDP 比重位次下降 3 位。建议积极落实各项促进企业科技创新的普惠政策，不断扩大政策的惠及面及政策的优惠力度，完善科技型企业孵化育成体系，优化外资利用的市场环境，加大对重大招商引资项目的引进扶持力度，营造良好的创新创业生态和营商环境。

图 3-15 为滨州市一级评价指标与上年水平比较情况。

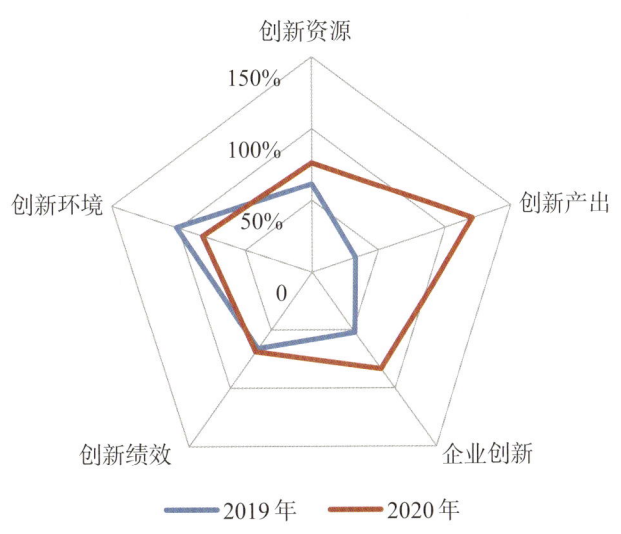

图 3-15　滨州市一级评价指标与上年水平比较情况

（二）创新发展主要指标分析及位次

地区生产总值2508.11亿元，居全省第13位。全员劳动生产率为11.81万元/人，居全省第8位。万元GDP综合能耗较上年降低率为7.93%，位次下降5位，居全省第6位。

地区研发人员17 372.9人年，居全省第7位。每万名就业人员中研发人员数为81.78人年，居全省第6位。规模以上工业企业R&D人员占规模以上工业企业从业人员比重为7.55%，居全省第8位，增幅居全省第3位。

全社会R&D经费支出84.15亿元，较上年增长32.13%，占地区生产总值（GDP）的比重为3.36%，居全省第1位，较上年提高0.76个百分点。R&D经费中基础研究经费占比为0.65%，居全省第13位。地方财政科技支出占公共财政支出的比重为3.73%，跃居全省第1位。规模以上工业企业R&D经费支出占营业收入的比重为1.01%，居全省第14位。

高新技术企业245家，居全省第14位，比上年增加78家。每万家企业法人单位中高新技术企业数26.95家，居全省第14位。规模以上高新技术产业产值占规模以上工业产值比重为40.58%，居全省第10位，较上年提高9.58个百分点。

重要科技创新平台29家，其中省级以上重点实验室6家、省级创新创业共同体1家、省级以上技术创新中心2家、省级以上科技企业孵化器2家、省级以上众创空间4家、省级以上技术转移示范机构1家、院士工作站12家、省级国际科技合作基地1家。

每亿元GDP发明专利申请数为0.77件，较上年增加0.12件，居全省第9位。每万人发明专利拥有量为7.18件，较上年增加2.29件。年登记技术合同成交额78.56亿元，较上年增长4.5倍，增速全省第一。

每万名就业人员累计孵化企业数0.76家，居全省第13位，省级以上科技企业孵化器累计毕业企业数161家，居全省末位。科学研究和技术服务业平均工资比较系数为88.96%，保持全省第10位。实际使用外资金额3.61亿美元，占GDP的比重为0.99%，比上年提高0.38个百分点，提高幅度居全省第9位。

表 3-15 为滨州市各级指标值和位次与上年比较情况。

（三）产业发展情况

三次产业结构进一步优化。农业生产总体平稳，农业经济保持增长，工业生产恢复向好，工业企业规模不断扩大，服务业稳步复苏，服务业支撑作用明显，占全市生产总值比重为 49.6%，对经济增长的贡献率为 54.2%。

产业能级加速跃升。五大千亿级产业集群、五大新兴产业集群主营业务收入分别达到 10 234.8 亿元、1102.4 亿元。产业结构转型迈出新步伐，规模以上高技术制造业增加值比上年增长 11.8%，高出全部规模以上工业 8.2 个百分点，装备制造业增加值比上年增长 9.4%，拉动全市工业增长 1.2 个百分点。

当前，动能转换上产业链条偏短，产品层次偏低，工业长期向好的基础尚不稳固。科创驱动上高层次人才匮乏，重大科创平台偏少。

今后，需提升传统动能，实施"千项技改、千企转型"，抓好工业技改项目。坚持提质升级，打造世界高端铝业基地、世界高端化工产业基地、世界纺织家纺服装产业基地、国家级食品产业基地、国家级优质畜牧和水产品基地。壮大新兴动能，淘汰落后动能，大力发展数字经济、大数据、工业互联网、生产性服务业，加快铝产业大数据中心、京东大数据产业园、山东重工网络货运平台建设，加快新旧动能转换步伐。

表 3-15 滨州市各级指标值和位次与上年比较

指标名称	指标值		位次	
	上年	当年	上年	当年
综合科技创新水平指数（%）	61.25	85.65	9	7
创新资源指数（%）	61.53	76.34	6	3
全社会研发（R&D）经费支出占地区生产总值（GDP）的比重（%）	2.59	3.36	3	1
地方财政科技支出占公共财政支出的比重（%）	3.46	3.73	5	1
每万名就业人员中研发人员数（人年）	56.82	81.78	6	6
基础研究经费支出占 R&D 经费支出的比重（%）	0.90	0.65	9	13
创新产出指数（%）	33.11	121.15	14	8
每亿元 GDP 年登记技术合同成交额（万元）	58.07	313.22	15	7
每亿元 GDP 发明专利申请数（件）	0.65	0.77	8	9
每万人发明专利拥有量（件）	4.89	7.18	8	8
企业创新指数（%）	52.20	83.46	14	10
规模以上工业企业 R&D 经费支出占营业收入的比重（%）	0.80	1.01	14	14
规模以上工业企业 R&D 人员占规模以上工业企业从业人员比重（%）	5.05	7.55	9	8
每万家企业法人单位中高新技术企业数（家）	24.50	26.95	15	14
有研发机构的规模以上工业企业占规模以上工业企业比重（%）	12.11	28.72	4	1
规模以上工业企业新产品销售收入占营业收入比重（%）	8.27	8.68	13	13
创新绩效指数（%）	65.87	68.77	7	8
规模以上高新技术产业产值占规模以上工业产值比重（%）	31.00	40.58	14	10
电子商务销售额占 GDP 比重（%）	16.72	16.04	5	7
全员劳动生产率（万元/人）	11.37	11.81	8	8
万元 GDP 综合能耗较上年降低率（%）	9.25	7.93	1	6
创新环境指数（%）	101.46	81.99	7	12
规模以上工业企业研发费用加计扣除减免税占企业研发经费的比重(%)	8.95	6.30	5	12
每万名就业人员累计孵化企业数（家）	0.99	0.76	12	13
科学研究和技术服务业平均工资比较系数（%）	81.03	88.96	10	10
实际使用外资金额占 GDP 比重（%）	0.61	0.99	9	12
每万人互联网宽带接入用户数（万户）	0.38	0.34	5	6

十六、菏泽市

（一）科技创新发展情况

2020年，菏泽市加大力度增强科技自主创新能力，科技创新平台建设加快，成立山东省生物医药产业创新创业共同体，中原技术市场上线运行，4家新型研发机构通过省科技厅备案，菏泽市产业技术研究院初步建立运营机制，出台《菏泽市科技企业孵化器质量提升工作方案》，加快推进菏泽学院、高新区管委会、菏泽宇生文化三方共建菏泽大学科技园，建成15家科技扶贫示范基地，打造3个科技扶贫示范样板，菏泽市向科技自立自强迈出坚定步伐。菏泽市综合科技创新水平指数为52.90%，较上年提高13.97个百分点，居全省第16位。

创新环境稳步优化。创新环境指数为88.43%，较上年提高23.23个百分点，保持全省第11位。规模以上工业企业研发费用加计扣除减免税和高新技术企业减免税额增长较快，普惠性政策落实有力。每万名就业人员累计孵化企业数居全省第14位，较上年上升1位。科学研究和技术服务业平均工资比较系数较上年提高10.03个百分点。科技服务业工资待遇有所提高，实际使用外资金额占GDP比重虽有小幅度上升，但较全省平均水平仍有差距，需不断优化营商环境，进一步落实稳外资政策。

创新产出有一定成效。创新产出指数为74.05%，较上年提高43.66个百分点，位次提升1位，居全省第14位。每亿元GDP年登记技术合同成交额较上年增长152.62%，位次提升1位。每万人发明专利拥有量翻了一番，但由于基数较低，总体规模不高。

企业创新能力有所提升。企业创新指数为36.90%，较上年提高7.18个百分点，居全省第16位。规模以上工业企业R&D经费支出占营业收入的比重、规模以上工业企业R&D人员占规模以上工业企业从业人员比重、每万家企业法人单位中高新技术企业数、规模以上工业企业新产品销售收入占营业收入比重均较上年有一定增长，但增长缓慢，均居全省第16位。有研发机构的规模以上工业企业占规模以上工业企业比重较上年提高 1.77 个百分点，居全省第 15 位，较上年下降 1 位。

创新投入水平较弱。创新资源指数为 14.96%，较上年提高 2.76 个百分点，居全省第 16 位。全社会研发（R&D）经费支出占地区生产总值（GDP）的比重较上年提高 0.05 个百分点。地方财政科技支出占公共财政支出的比重较上年提高 0.08 个百分点。基础研究经费支出占 R&D 经费支出的比重较上年提高 0.28 个百分点，居全省第 10 位，位次上升 1 位，但总量规模依然较弱，需进一步加大研发投入力度，提升全市综合创新水平。

创新绩效水平有待提升。创新绩效指数为 64.18%，较上年下降 0.15 个百分点，居全省第 10 位，位次下降 2 位。规模以上高新技术产业产值占规模以上工业产值比重较上年提高 0.51 个百分点，位次下降 4 位，居全省第 14 位。万元 GDP 综合能耗较上年降低率居全省第 5 位，较上年下降 3 位。全员劳动生产率仍居全省第 16 位，需统筹产业发展要素资源，鼓励技术创新，推动产业转型升级。

图 3-16 为菏泽市一级评价指标与上年水平比较情况。

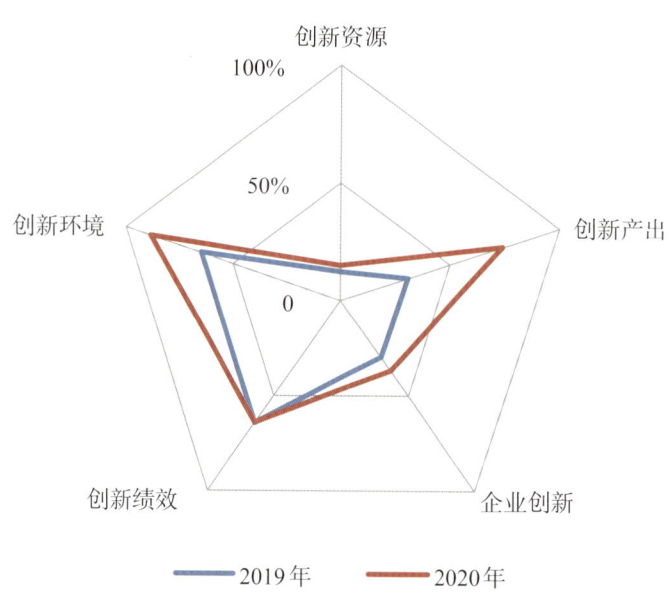

图 3-16　菏泽市一级评价指标与上年水平比较情况

（二）创新发展主要指标分析及位次

地区生产总值 3483.11 亿元，居全省第 8 位。全员劳动生产率为 7.14 万元/人，居全省第 16 位。万元 GDP 综合能耗较上年降低率为 8.15%，居全省第 5 位。

地区研发人员 5833.4 人年，居全省第 16 位。每万名就业人员中研发人员数为 11.95 人年，居全省第 16 位，增速缓慢。规模以上工业企业 R&D 人员占规模以上工业企业从业人员比重为 4.28%，居全省第 16 位。

全社会 R&D 经费支出 25.82 亿元，较上年增长 8.94%，占地区生产总值（GDP）的比重为 0.74%，较上年提高 0.05 个百分点，居全省第 16 位。R&D 经费中基础研究经费占比为 0.98%，居全省第 10 位。地方财政科技支出占公共财政支出的比重为 0.37%，居全省第 16 位。规模以上工业企业 R&D 经费支出占营业收入的比重为 0.63%，居全省第 16 位。

高新技术企业 223 家，比上年增加 52 家，居全省第 16 位。每万家企业法人单位中高新技术企业数 25.78 家，居全省第 16 位。规模以上高新技术产业产值占规模以上工业产值比重为 37.74%，居全省第 14 位，较上年提高 0.51 个百分点。

重要科技创新平台 24 家，其中省级以上重点实验室 1 家、省级创新创业共同体 1 家、省级以上技术创新中心 1 家、省级以上科技企业孵化器 6 家、省级以上众创空间 7 家、院士工作站 8 家。

每亿元 GDP 发明专利申请数为 0.52 件，较上年增加 0.23 件，居全省第 16 位。每万人发明专利拥有量为 3.08 件，较上年增加 1.72 件，居全省第 16 位。年登记技术合同成交额 68.38 亿元，较上年增长 158.04%。

每万名就业人员累计孵化企业数 0.65 家，居全省第 14 位。省级以上科技企业孵化器累计毕业企业数 316 家，居全省第 11 位。科学研究和技术服务业平均工资比较系数为 73.50%，居全省第 15 位。实际使用外资金额 2.90 亿美元，占 GDP 比重为 0.57%，比上年提高 0.18 个百分点。

表 3-16 为菏泽市各级指标值和位次与上年比较情况。

（三）产业发展情况

三次产业发展结构优化。农业基础地位更加稳固，工业企业发展稳中向好，服务业发展势头强劲，服务业增加值增速高于 GDP 增速 3.8 个百分点，全市规模以上服务业营业收入居全省第 1 位。

新兴产业蓬勃发展。"十强"产业投资增长 30%，"四新"经济投资增长 73%，规模以上新能源新材料企业超过 100 家。坚持工业强市，实施"六项工程"，积极打造"231"特色产业体系，实现重点产业突破。实施核心产业聚力突破工程，聚全市之力发展生物医药、高端化工两大核心产业。实施传统产业转型升级工程，高品质提升农副产品加工、机电设备制造、商贸物流 3 个传统主导产业。实施新兴产业提速增量工程，加快发展新能源新材料、新一代信息技术、现代服务业等一批新兴产业，推动企业规模膨胀、产品升级。

当前，工业经济仍存在下行压力，结构性矛盾仍然存在，消费市场损失较大，外贸形势持续低迷，投资结构还需优化调整。

今后，应以新旧动能转换为重点，坚持高质量发展理念，紧紧围绕生物医药和高端化工两大核心产业，重点推进菏泽现代医药港等"一港四园"建设，大力发展石油化工、煤炭化工等高端化工产业，通过升级改造传统产能为先进制造业、战略性新兴产业等腾出发展空间，全力推进"231"产业体系建设，提升产品层次以满足市场中高端需求。

第三部分 区域综合科技创新水平分析

表 3-16 菏泽市各级指标值和位次与上年比较

指标名称	指标值 上年	指标值 当年	位次 上年	位次 当年
综合科技创新水平指数（%）	38.93	52.90	16	16
创新资源指数（%）	12.20	14.96	16	16
全社会研发（R&D）经费支出占地区生产总值（GDP）的比重（%）	0.70	0.74	16	16
地方财政科技支出占公共财政支出的比重（%）	0.29	0.37	16	16
每万名就业人员中研发人员数（人年）	8.38	11.95	16	16
基础研究经费支出占R&D经费支出的比重（%）	0.70	0.98	11	10
创新产出指数（%）	30.39	74.05	15	14
每亿元GDP年登记技术合同成交额（万元）	77.71	196.32	14	13
每亿元GDP发明专利申请数（件）	0.29	0.52	16	16
每万人发明专利拥有量（件）	1.36	3.08	16	16
企业创新指数（%）	29.72	36.90	16	16
规模以上工业企业R&D经费支出占营业收入的比重（%）	0.59	0.63	16	16
规模以上工业企业R&D人员占规模以上工业企业从业人员比重（%）	2.90	4.28	16	16
每万家企业法人单位中高新技术企业数（家）	24.02	25.78	16	16
有研发机构的规模以上工业企业占规模以上工业企业比重（%）	5.52	7.29	14	15
规模以上工业企业新产品销售收入占营业收入比重（%）	3.14	4.34	16	16
创新绩效指数（%）	64.33	64.18	8	10
规模以上高新技术产业产值占规模以上工业产值比重（%）	37.23	37.74	10	14
电子商务销售额占GDP比重（%）	16.07	17.80	6	6
全员劳动生产率（万元/人）	6.94	7.14	16	16
万元GDP综合能耗较上年降低率（%）	9.07	8.15	2	5
创新环境指数（%）	65.20	88.43	11	11
规模以上工业企业研发费用加计扣除减免税占企业研发经费的比重（%）	5.64	18.93	10	1
每万名就业人员累计孵化企业数（家）	0.56	0.65	15	14
科学研究和技术服务业平均工资比较系数（%）	63.47	73.50	14	15
实际使用外资金额占GDP比重（%）	0.39	0.57	14	16
每万人互联网宽带接入用户数（万户）	0.24	0.26	16	16

附 录

一、区域科技创新能力评价指标体系

一级指标	序号	二级指标	数据来源
创新资源	1	全社会研发（R&D）经费支出占地区生产总值（GDP）的比重（%）	山东统计年鉴
	2	地方财政科技支出占公共财政支出的比重（%）	山东统计年鉴
	3	每万人拥有的受大专及以上教育程度人口数（人）	山东省统计局
	4	每万名就业人员中研发人员数（人年）	山东统计年鉴
	5	基础研究经费支出占R&D经费支出的比重（%）	山东统计年鉴
创新产出	6	每万元科学研究经费（基础研究经费与应用研究经费之和）的国外主要检索工具收录科技论文数量（篇）	中国科技统计年鉴 山东统计年鉴
	7	每亿元GDP年登记技术合同成交额（万元）	山东统计年鉴 山东省科技厅
	8	每亿元GDP发明专利申请数（件）	山东统计年鉴 山东省市场监管局
	9	每万人发明专利拥有量（件）	山东省市场监管局
企业创新	10	规模以上工业企业R&D经费支出占营业收入的比重（%）	山东统计年鉴
	11	规模以上工业企业R&D人员占规模以上工业企业从业人员比重（%）	山东统计年鉴
	12	每万家企业法人单位中高新技术企业数（家）	山东省统计局 山东省科技厅
	13	有研发机构的规模以上工业企业占规模以上工业企业比重（%）	山东省统计局
	14	规模以上工业企业新产品销售收入占营业收入比重（%）	山东省统计局

续表

一级指标	序号	二级指标	数据来源
创新绩效	15	规模以上高新技术产业产值占规模以上工业产值比重（%）	山东省科技厅
	16	知识密集型服务业增加值占GDP比重（%）	山东统计年鉴
	17	电子商务销售额占GDP比重（%）	山东统计年鉴
	18	全员劳动生产率（万元/人）	山东统计年鉴
	19	万元GDP综合能耗较上年降低率（%）	山东省统计局
创新环境	20	规模以上工业企业研发费用加计扣除减免税占企业研发经费的比重（%）	山东省统计局
	21	每万名就业人员累计孵化企业数（家）	山东统计年鉴 山东省科技厅
	22	科学研究和技术服务业平均工资比较系数（%）	中国统计年鉴 山东统计年鉴
	23	实际使用外资金额占GDP比重（%）	山东统计年鉴
	24	每万人互联网宽带接入用户数（万户）	山东统计年鉴

二、指标解释

1. 全社会研发（R&D）经费支出占地区生产总值（GDP）的比重

该指标是国际上通用的衡量一个国家或地区科技投入强度和科技发展水平的评价指标。其中，全社会R&D经费支出是指调查单位在报告年度内用于内部开展R&D活动的实际支出。GDP是指按市场价格计算的一个国家（或地区）所有常住单位在一定时期内生产活动的最终成果。

计算公式：$\dfrac{\text{全社会研发（R\&D）经费支出}}{\text{GDP}} \times 100\%$。

2. 地方财政科技支出占公共财政支出的比重

该指标是衡量地方政府财政科技投入力度的重要指标。其中，地方财政科技支出是指地方用于科学技术方面的公共财政支出，包括科学技术管理事务、基础研究、应用研究、技术研究与开发、科技条件与服务、社会科学、科学技术普及、科技交流与合作等。

公共财政支出是指地方财政将筹集起来的资金进行分配使用，以满足经济建设和各项事业的需要。

$$计算公式：\frac{地方财政科技支出}{公共财政支出} \times 100\%。$$

3. 每万人拥有的受大专及以上教育程度人口数

该指标是反映科技人力资源状况的重要指标，每万人拥有的受大专及以上教育程度人口数是大专以上学历人数和总人口数之比，该指标数据增加可以体现该地区科技人力资源的流入和增加；反之，则体现了科技人力资源的流出和减少。

$$计算公式：\frac{拥有的受大专及以上教育程度的人口数}{总人口数} \times 10\,000。$$

4. 每万名就业人员中研发人员数

该指标是反映科技人力资源和研发活动人力投入强度的重要指标。其中，研发人员指调查单位内部从事基础研究、应用研究和试验发展 3 类活动的全时人员加非全时人员按工作量折算为全时人员数的总和。就业人员指在 16 周岁及以上，从事一定社会劳动并取得劳动报酬或经营收入的人员。

$$计算公式：\frac{研发人员数}{就业人员数} \times 10\,000。$$

5. 基础研究经费支出占 R&D 经费支出的比重

该指标是反映对基础研究重视程度的指标。其中，基础研究指为了获得关于现象和可观察事实的基本原理的新知识（揭示客观事物的本质、运动规律，获得新发现、新学说）而进行的实验性或理论性研究，它不以任何专门或特定的应用或使用为目的，其成果以科学论文和科学著作为主要形式，用来反映知识的原始创新能力。

$$计算公式：\frac{基础研究经费支出}{R\&D 经费支出} \times 100\%。$$

6. 每万元科学研究经费（基础研究经费与应用研究经费之和）的国外主要检索工具收录科技论文数量

该指标是反映科技论文产出效率的指标，指国际科技论文数量与科学研究经费之比。其中，国外主要检索工具收录科技论文数量指由 SCI、Ei、CPCI-S 收录的科技论文数。

附 录

计算公式：$\dfrac{\text{国外主要检索工具收录科技论文数量}}{\text{科学研究经费}} \times 10\,000$。

7. 每亿元GDP年登记技术合同成交额

该指标是反映科技成果转化的重要指标，指年登记技术合同成交额与GDP之比。登记技术合同成交额是指报告期内在全国技术合同网上登记系统登记的技术合同（技术开发、技术转让、技术咨询、技术服务）成交项目的总金额。

计算公式：$\dfrac{\text{年登记技术合同成交额}}{\text{GDP}} \times 10\,000$。

8. 每亿元GDP发明专利申请数

该指标是反映自主知识产权和自主创新的指标，指每生产亿元GDP，当年发明专利申请数。

计算公式：$\dfrac{\text{发明专利申请数}}{\text{GDP}} \times 100\,000\,000$。

9. 每万人发明专利拥有量

该指标反映相对于人口规模发明专利的存量水平。其中，发明专利拥有量是指调查单位作为专利权人在报告年度拥有的、经国内外知识产权行政部门授权且在有效期内的发明专利件数。常住人口包括：居住在本乡镇街道且户口在本乡镇街道或户口待定的人；居住在本乡镇街道且离开户口登记地所在的乡镇街道半年以上的人；户口在本乡镇街道且外出不满半年或在境外工作学习的人。

计算公式：$\dfrac{\text{发明专利拥有量}}{\text{常住人口数}} \times 10\,000$。

10. 规模以上工业企业R&D经费支出占营业收入的比重

该指标是衡量规模以上工业企业创新能力和创新投入水平的重要指标。其中，规模以上工业企业是指年主营业务收入在2000万元以上的工业企业。规模以上工业企业研发经费是指规模以上工业企业在报告年度内用于内部开展研发活动的实际支出。营业收入是指企业经营主要业务和其他业务所确认的收入总额，包括"主营业务收入"和"其他业务收入"。

计算公式：$\dfrac{\text{规模以上工业企业R\&D经费支出}}{\text{规模以上工业企业营业收入}} \times 100\%$。

11. 规模以上工业企业R&D人员占规模以上工业企业从业人员比重

该指标是衡量企业科技活动人力投入水平的主要指标，指规模以上工业企业R&D人员数与规模以上工业企业从业人员数之比。

计算公式：$\dfrac{\text{规模以上工业企业 R\&D 人员数}}{\text{规模以上工业企业从业人员数}} \times 100\%$。

12. 每万家企业法人单位中高新技术企业数

该指标是衡量地方创业水平的指标。高新技术企业是指按照《高新技术企业认定管理办法》获得认定的，在《国家重点支持的高新技术领域》内，持续进行研究开发与技术成果转化，形成企业核心自主知识产权，并以此为基础开展经营活动，在中国境内（不包括港、澳、台地区）注册的居民企业。

计算公式：$\dfrac{\text{高新技术企业数}}{\text{企业法人单位数}} \times 10\,000$。

13. 有研发机构的规模以上工业企业占规模以上工业企业比重

该指标是反映工业企业整体创新水平的指标。其中，研发机构是指在区内设立的独立或非独立的具有自主研发能力的技术创新组织载体。

计算公式：$\dfrac{\text{有研发机构的规模以上工业企业数}}{\text{规模以上工业企业数}} \times 100\%$。

14. 规模以上工业企业新产品销售收入占营业收入比重

该指标是衡量规模以上工业企业创新产出的重要指标之一。其中，新产品销售收入反映工业企业新产品销售的规模。新产品指的是采用新技术原理、新设计构思研制生产的全新产品，或者在结构、材质、工艺等某一方面比原有产品有明显改进，从而显著提高了产品性能或扩大了使用功能的产品。

计算公式：$\dfrac{\text{规模以上工业企业新产品销售收入}}{\text{规模以上工业企业营业收入}} \times 100\%$。

15. 规模以上高新技术产业产值占规模以上工业产值比重

该指标是衡量高新技术产业产出水平的重要指标，反映科技创新对产业结构的优化程度。其中，规模以上高新技术产业产值是指属于山东省高新技术产业统计范围的行业的规模以上企业产值。规模以上工业产值是指以货币形式表现的，规模以上工业企业在一定时期内生产的工业最终产品或提供工业性劳务活动的总价值量，它反映一定时间内规模以上工业生产的总规模和总水平。

计算公式：$\dfrac{\text{规模以上高新技术产业产值}}{\text{规模以上工业产值}} \times 100\%$。

16. 知识密集型服务业增加值占 GDP 比重

该指标反映一个地区的知识密集型服务业发展水平，测度一个地区经济产出中的知识含量大小和产业结构升级水平。知识密集型服务业包括：①信息传输、软件和信息技术服务业；②金融业；③租赁和商务服务业；④科学研究和技术服务业。

计算公式：$\dfrac{\text{知识密集型服务业增加值}}{\text{GDP}} \times 100\%$。

17. 电子商务销售额占 GDP 比重

该指标是衡量电子商务发展水平的重要指标之一。电子商务的价值在于让消费者在网上购物、网上支付，节省了客户与企业的时间和空间，大大提高了交易效率，节省了大量宝贵时间，体现出社会生活信息化水平的快速提升。

计算公式：$\dfrac{\text{电子商务销售额}}{\text{GDP}} \times 100\%$。

18. 全员劳动生产率

该指标反映全社会的劳动效率，指根据产品的价值量指标计算的平均每一个从业人员在单位时间内的产品生产量。

计算公式：$\dfrac{\text{GDP}}{\text{就业人员数} \times 10\,000}$。

19. 万元 GDP 综合能耗较上年降低率

该指标是反映能源消费水平和节能降耗状况的主要指标，是指在一定区域内，国民经济各行业和居民家庭在一定时间消费的各种能源总和与上一年相比的下降幅度。

计算公式：$\left(1 - \dfrac{\text{本年万元 GDP 综合能耗}}{\text{上年万元 GDP 综合能耗}}\right) \times 100\%$。

20. 规模以上工业企业研发费用加计扣除减免税占企业研发经费的比重

该指标是反映政府对企业科技活动重视程度的指标。规模以上工业企业研发费用加计扣除减免税是指规模以上工业企业按有关政策和税法规定税前加计扣除的研发活动费用所产生的所得税减免额。企业研发经费是指规模以上工业企业在报告年度内用于内部开展研发活动的实际支出。

计算公式：$\dfrac{\text{规模以上工业企业研发费用加计扣除减免税}}{\text{企业研发经费}} \times 100\%$。

21. 每万名就业人员累计孵化企业数

科技企业孵化器是以促进科技成果转化、培养高新技术企业和企业家为宗旨的科技创业服务载体，其累计孵化企业数是科技创新环境的重要体现。

计算公式：$\dfrac{\text{科技企业孵化器累计毕业企业数}}{\text{就业人员数}} \times 10\,000$。

22. 科学研究和技术服务业平均工资比较系数

科学研究和技术服务业工资水平反映了政府及社会对从事科学研究和技术服务工作的劳动者劳动报酬的认可程度。但由于各地区消费水平差异较大，因此，这一指标还需要用地区科学研究与技术服务业工资水平与全国（全省）该行业工资水平的比例进行修正。

计算公式：

$\dfrac{\text{地区科学研究和技术服务业平均工资}}{\text{地区全社会平均工资}} \times \dfrac{\text{地区科学研究和技术服务业平均工资}}{\text{全国（全省）科学研究和技术服务业平均工资}} \times 100\%$。

23. 实际使用外资金额占 GDP 比重

该指标反映外资的利用水平，是体现营商环境优化的一个重要指标。实际使用外资金额是指批准的合同外资的实际执行数，外国投资者根据批准外商投资企业的合同（章程）的规定实际缴付的出资额和企业投资总额内外国投资者以自己的境外自有资金实际直接向企业提供的贷款。

计算公式：$\dfrac{\text{实际使用外资金额}}{\text{GDP}} \times 100\%$。

24. 每万人互联网宽带接入用户数

该指标是衡量一个地区信息化发达程度的指标，指互联网宽带接入用户数与总人口数之比。

计算公式：$\dfrac{\text{互联网宽带接入用户数}}{\text{总人口数}} \times 10\,000$。

三、评价方法

采用指数法对各级指标进行综合，各级评价值均可称为"指数"。评价步骤如下：

（1）将各二级指标除以相应的评价标准，得到二级指标的评价值，即为二级指标相应的指数，计算方法为：

$$y_{ij} = \frac{x_{ij}}{x_{\cdot j}} \times 100\%,$$

其中，x_{ij} 为第 i 个一级指标下、第 j 个二级指标；$x_{\cdot j}$ 为第 j 个二级指标相应的标准值。

（2）一级指标评价值（一级指数）$y_{i\cdot}$ 由二级指标评价值加权综合而成，即

$$y_{i\cdot} = \sum_{j=1}^{n_i} w_{ij} y_{ij},$$

其中，w_{ij} 为各二级指标评价值相应的权重；n_i 为第 i 个一级指标下设的二级指标的个数。

（3）总评价值（总指数）由一级指标加权综合而成，即

$$y = \sum_{i=1}^{n} w_{i\cdot} y_{i\cdot},$$

其中，$w_{i\cdot}$ 为各一级指标评价值相应的权重；n 为一级指标个数。

四、报告图解

《山东省区域科技创新能力评价报告2021》从创新资源、创新产出、企业创新、创新绩效、创新环境 5 个一级指标，24个二级指标，对全省及16市的科技创新能力进行评价。

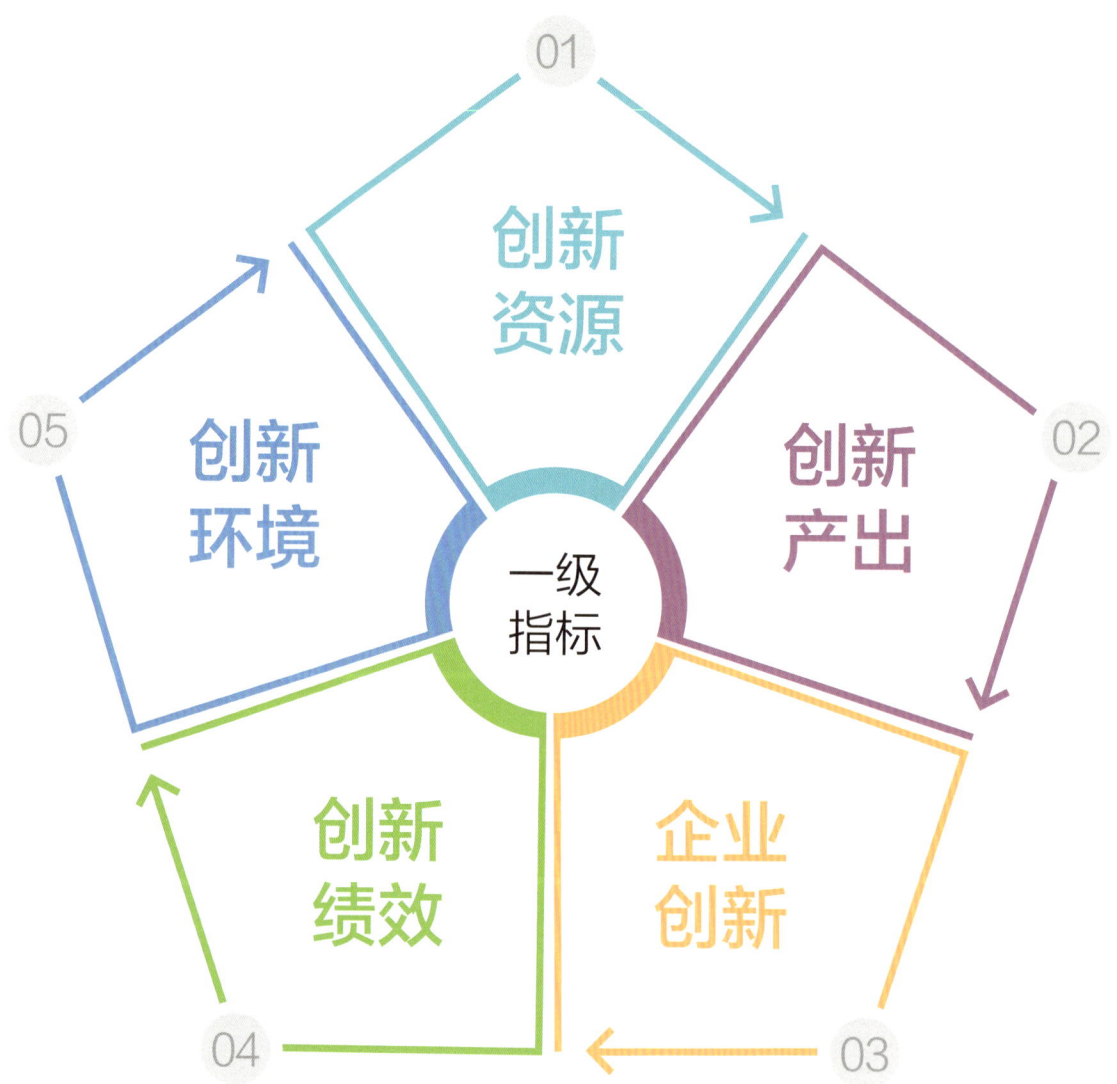

附 录

01 全省科技创新能力再上新台阶

02 创新驱动发展基础更加坚实

03 16市科技创新能力稳步提升

04 国家创新型城市建设持续推进

05 三大经济圈协同创新成效显著

01 全省科技创新能力再上新台阶

全省科技投入进一步增长，创新创业活力明显增强，企业创新能力稳步提升，创新环境持续优化，科技创新能力再上新台阶。全省综合科技创新水平指数达**187.08%**，较上年提高**27.38**个百分点。

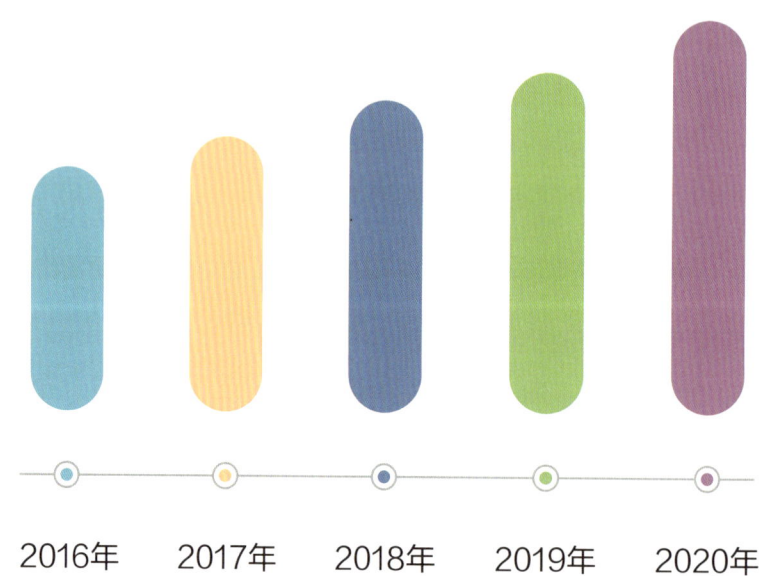

附 录

一级指标指数

创新资源、创新产出、企业创新、创新绩效、创新环境**5个**一级指标指数实现**全部提升**，创新型省份建设全面起势。

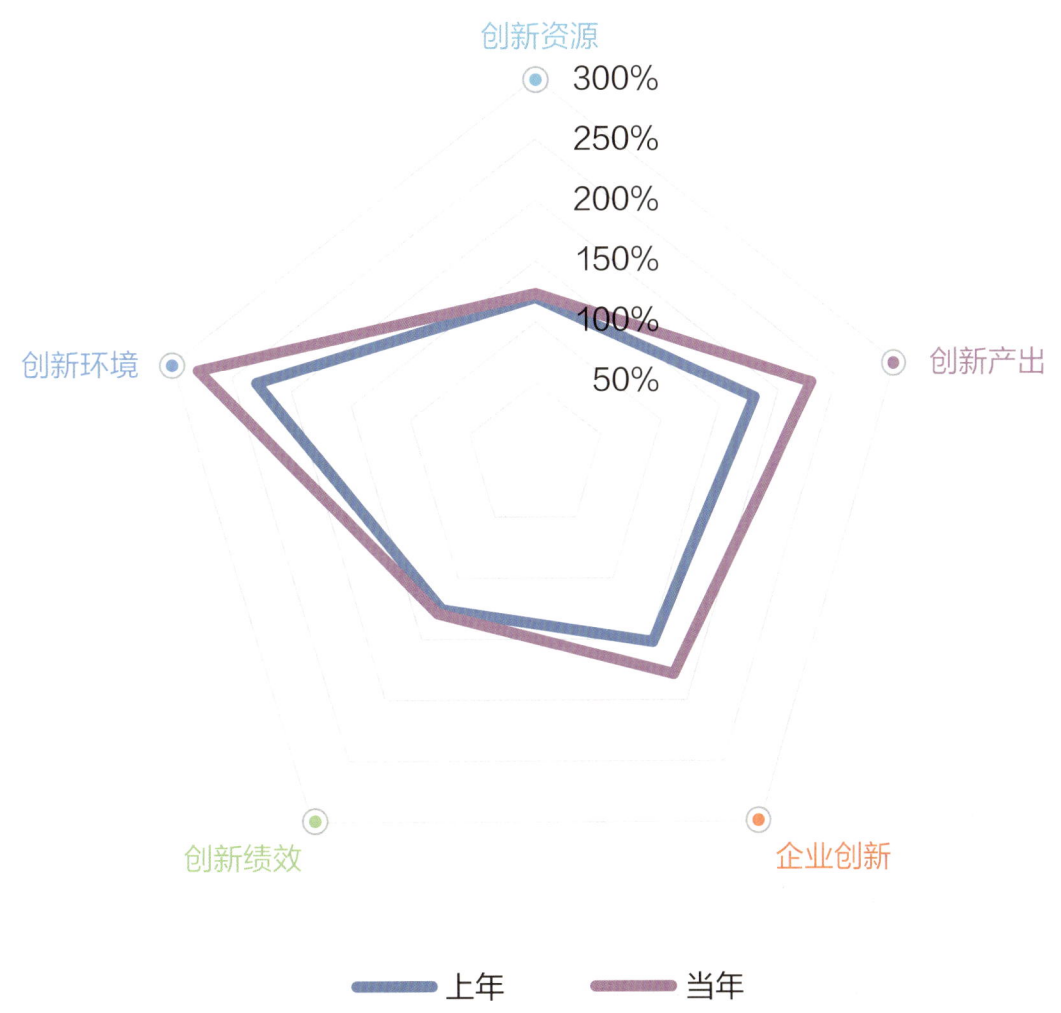

02 创新驱动发展基础更加坚实

全省全社会R&D经费支出及占GDP比重增长较快，分别较上年增长了**12.5%**和**0.18个百分点**。全社会R&D经费支出在全国排名**第5位**，较上年**上升1个位次**。

14个市R&D经费支出实现增长，12个市全社会R&D经费支出占GDP比重较上年提升。

全省研发人员全时当量较上年增长**22.37%**，15个市研发人员实现增长。

全省每万名就业人员中研发人员数较上年提高**11.79人年**，16个市每万名就业人员中研发人员数全部增长。

附 录

全省发明专利申请量较上年增长**25.64%**，13个市增长率超过20%。

全省每万人发明专利拥有量较上年增加**2.32**件，16个市均实现增长。

全省规模以上工业企业R&D经费支出较上年增长**12.77%**，13个市实现增长，8个市增长率超过10%。

全省高新技术企业增长**3000**余家，15个市增长率超过20%。

03 16市科技创新能力稳步提升

16市科技创新综合水平指数均较上年明显提升，科技创新能力**显著增强**。根据各市综合科技创新水平指数高低，可以将16市划分为四类：

01
- 济南　118.16%
- 青岛　117.13%
- 淄博　103.63%
- 威海　101.66%

02
- 烟台　95.24%
- 东营　88.72%
- 滨州　85.65%
- 聊城　84.22%
- 潍坊　82.48%
- 泰安　81.65%

03
- 日照　79.64%
- 枣庄　77.53%
- 济宁　76.03%
- 德州　70.66%

04
- 临沂　56.92%
- 菏泽　52.90%

附 录

聊城、滨州、枣庄、潍坊、济宁、日照综合科技创新水平指数较上年**提高幅度**居全省**前6位**。

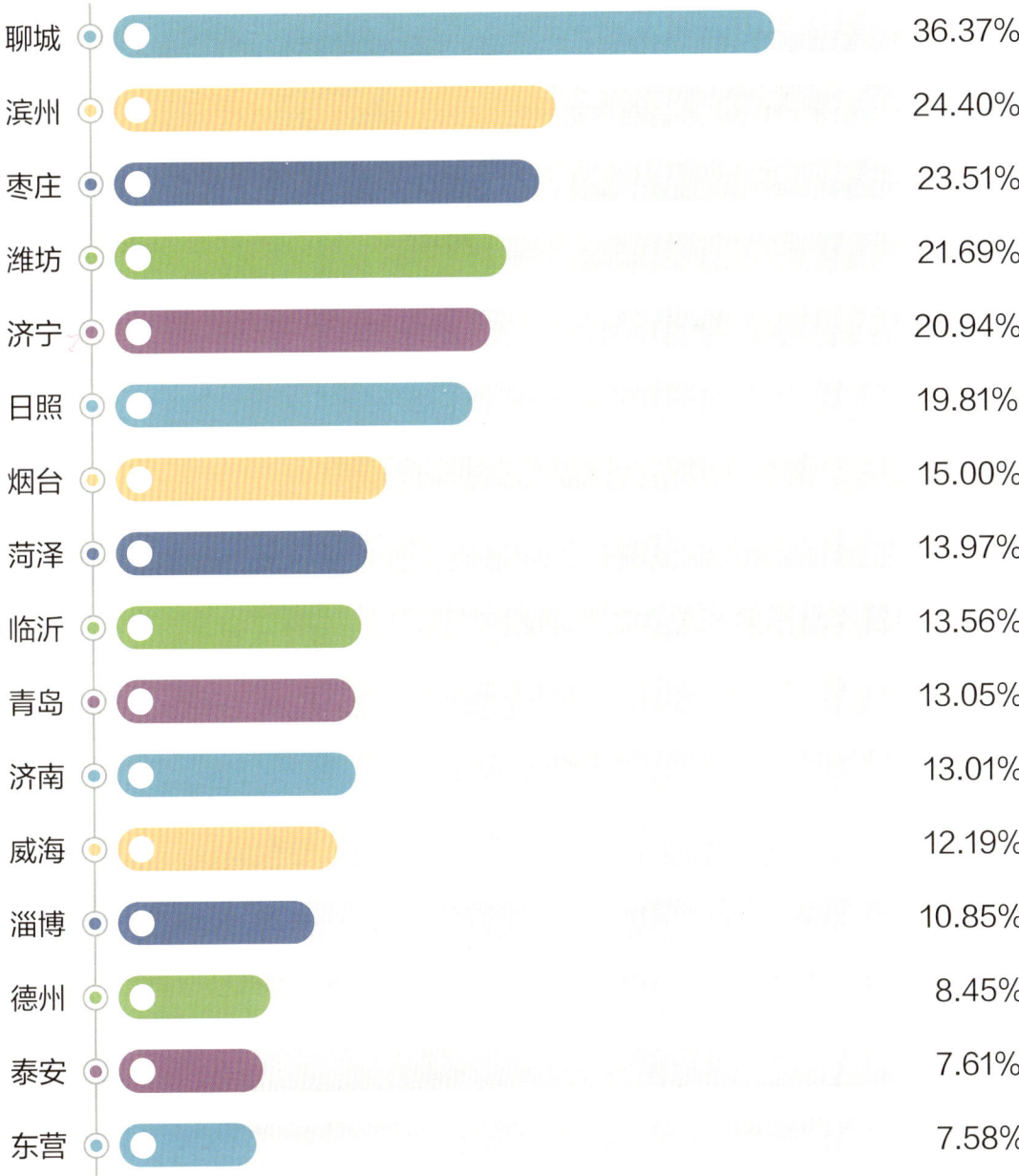

城市	提高幅度
聊城	36.37%
滨州	24.40%
枣庄	23.51%
潍坊	21.69%
济宁	20.94%
日照	19.81%
烟台	15.00%
菏泽	13.97%
临沂	13.56%
青岛	13.05%
济南	13.01%
威海	12.19%
淄博	10.85%
德州	8.45%
泰安	7.61%
东营	7.58%

04 国家创新型城市建设持续推进

济南、青岛

创新引领作用突出，"双核"效应明显，创新能力持续增强，综合科技创新水平指数居全省**前2位**。

居全省前2位

济南、青岛、济宁、烟台、潍坊、东营

6个国家创新型城市

研发经费支出占全省总额的比重超过 **1/2**，
地方财政科技支出占全省总额的比重接近 **70%**，
各项指标均较上年 **明显增长**。

研发经费支出　　　　地方财政科技支出

附 录

> 淄博、威海、日照、临沂、德州

在全省及各市的共同努力下，2022年年初**淄博、威海、日照、临沂、德州**5市列入科技部新一批开展创新型城市建设城市名单。

淄博、威海、日照、临沂、德州

05 三大经济圈协同创新成效显著

01 7市中有6个市综合科技创新水平指数跻身全省**前10位**。

02 省会经济圈R&D经费支出占GDP比重达**2.77%**，有研发机构的规模以上工业企业占比达**16.89%**，均高于胶东经济圈、鲁南经济圈。

03 济南创新资源、创新产出指数位列全省**第1**；
东营创新绩效指数位列全省**第1**；
聊城创新资源、企业创新指数提高幅度位列全省**第1**。

省会经济圈

附 录

01

5市中有
3个市综合科技创新水平指数
跻身全省**前5位**。

02

胶东经济圈每万名就业人员中研发人员数达**81.30**人年，
每万家企业法人单位中高新技术企业数达**70.59**家，
均高于省会经济圈、鲁南经济圈。

03

威海企业创新指数位列全省**第1**；
烟台创新环境指数位列全省**第1**；
青岛创新环境指数提高幅度位列全省**第1**。

胶东经济圈

01 4市中有2个市综合科技创新水平指数提高幅度跻身全省**前5位**。

02 鲁南经济圈地方财政科技支出较上年增长**6.56%**，研发人员折合全时当量较上年增长**40.90%**，均高于省会经济圈、胶东经济圈。

03 枣庄创新产出指数提高幅度位列全省**第1**；
济宁企业创新指数提高幅度位列全省**第2**；
临沂创新环境指数提高幅度位列全省**第2**。

鲁南经济圈